MARCO POLO

W0179344

EDINBURGH

Reisen mit **Insider Tipps**

> Die Magie der Highland-Kapitale ist ungeheuerlich. In den Sommermonaten platzt Edinburgh vor Besuchern schier aus den Nähten, und Winter und Frühjahr passen genial zur leicht kühlen baulichen Ausstrahlung der Stadt.
> *MARCO POLO Autor*
> *Martin Müller*
> (siehe S. 122)

Das passt:
Der MARCO POLO Englisch

Weitere MARCO POLO Titel:
Schottland, England

Spezielle News, Lesermeinungen und Angebote zu Edinburgh:
www.marcopolo.de/edinburgh

EDINBURGH

> SYMBOLE

**MARCO POLO
INSIDER-TIPPS**
Von unserem Autor
für Sie entdeckt

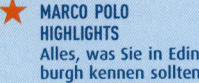
**MARCO POLO
HIGHLIGHTS**
Alles, was Sie in Edin-
burgh kennen sollten

 SCHÖNE AUSSICHT

🔊 WLAN-HOTSPOT

▶▶ HIER TRIFFT SICH
DIE SZENE

> PREISKATEGORIEN

HOTELS
€€€   über 140 Euro
€€   90–140 Euro
€   unter 90 Euro
Die Preise gelten für ein
Doppelzimmer pro Nacht
ohne Frühstück

RESTAURANTS
€€€   über 45 Euro
€€   20–45 Euro
€   unter 20 Euro
Die Preise gelten für ein drei-
gängiges Menü ohne Getränke.

> KARTEN

[106 A1] Seitenzahlen und
          Koordinaten für d..
          Cityatlas Edinburg..
[0]   außerhalb des
          Kartenausschnitts

Zu Ihrer Orientierung sind
auch die Objekte mit Koor-
dinaten versehen, die nich..
im Cityatlas eingetragen si..
Eine Übersichtskarte Edinb..
mit Umland finden Sie auf
Seite 114/115, einen Plan
öffentliche Verkehrsmittel ..
hinteren Umschlag

🟥 **DIE BESTEN MARCO POLO INSIDER-TIPPS** .... **UMSCHLAG**
🟧 **DIE BESTEN MARCO POLO HIGHLIGHTS** **4**

🟦 **AUFTAKT** **6**

🟦 **SZENE** **12**

🟦 **STICHWORTE** **16**
🟦 **EVENTS, FESTE & MEHR** **20**

🟥 **SEHENSWERTES** **22**
🟩 **ESSEN & TRINKEN** **48**
🟦 **EINKAUFEN** **56**
🟪 **AM ABEND** **64**
🟩 **ÜBERNACHTEN** **72**
🟨 **MIT KINDERN UNTERWEGS** **80**

> SZENE

S. 12–15: Trends, Entdeckungen, Hotspots! Was wann wo in Edinburgh los ist, verrät der MARCO POLO Szeneautor vor Ort

> 24 STUNDEN

S. 88/89: Action pur und einmalige Erlebnisse in 24 Stunden! MARCO POLO hat für Sie einen außergewöhnlichen Tag in Edinburgh zusammengestellt

> LOW BUDGET

Viel erleben für wenig Geld! Wo Sie zu kleinen Preisen etwas Besonderes genießen und tolle Schnäppchen machen können:

Erleben, wie ein Kilt entsteht – zum Nulltarif S. 33 | Günstig speisen im Gourmetrestaurant S. 55 | Mode-Preisstürze ausnutzen S. 62 | Ein Sommerabend im Biergarten für wenig Geld S. 70 | Günstig übernachten in einer ehemaligen Kirche S. 78

> GUT ZU WISSEN

Heart of Midlothian S. 31 | Blogs & Podcasts S. 36 | Entspannen & genießen S. 43 | Bücher & Filme S. 46 | Gourmettempel S. 52 | Spezialitäten S. 54 | Luxushotels S. 76 | www.marco polo.de S. 94 | Die Regeln des Spiels S. 96 | Was kostet wie viel? S. 97 | Wetter in Edinburgh S. 98 | Währungsrechner S. 99

AUF DEM TITEL
Abenteuer in der Stadt S. 12
George Street: traditionell und edel shoppen S. 61

STADTSPAZIERGÄNGE 82
24 STUNDEN IN EDINBURGH 88
AUSFLÜGE & TOUREN 90

PRAKTISCHE HINWEISE 94
SPRACHFÜHRER ENGLISCH 100

CITYATLAS EDINBURGH MIT STRASSENREGISTER 104
KARTENLEGENDE CITYATLAS 118

REGISTER 120
IMPRESSUM 121
UNSER AUTOR 122

BLOSS NICHT! 124

ENTDECKEN SIE EDINBURGH!

Unsere Top 15 führen Sie an die traumhaftesten Orte und zu den spannendsten Sehenswürdigkeiten

Die Highlights sind in der Karte auf dem hinteren Umschlag eingetragen

1 Edinburgh International Festival
Mehr geht nicht: Beim größten Artfestival der Welt ist Edinburgh Nabel der (Kunst-)Welt (Seite 21)

2 Edinburgh Festival Fringe
Und noch ein Festivalsuperlativ: in Sachen schrägem, jungem Theater und fantasievoller Performance (Seite 21)

3 Edinburgh Castle
Seit über 800 Jahren der Wolkenkratzer der Stadt, heute Heimat der schottischen Kronjuwelen (Seite 26)

4 Royal Mile
Edinburghs mittelalterliche Parademeile führt zwischen historischen Wohnhochhäusern von der Burg hinunter zum Schloss (Seite 33)

5 Scottish Parliament
Der geniale Jahrhundertbau für das moderne Schottland bietet einen faszinierenden Kontrast zur Altstadt (Seite 34)

6 Calton Hill
Vulkanhügel für Romantiker mit neoklassizistischem Gebäudeensemble und Traumaussicht auf die Stadt (Seite 37)

7 Princes Street Gardens
Die riesige Gartenschlucht mit dem Scott Monument verbindet und trennt die beiden Innenstädte Edinburghs (Seite 42)

8 Scottish Gallery of Modern Art
Das neoklassizistische Gebäude mit Malerei der letzten hundert Jahre liegt in dörflich-grüner Umgebung, die als Landschaftskunst gestaltet wurde (Seite 47)

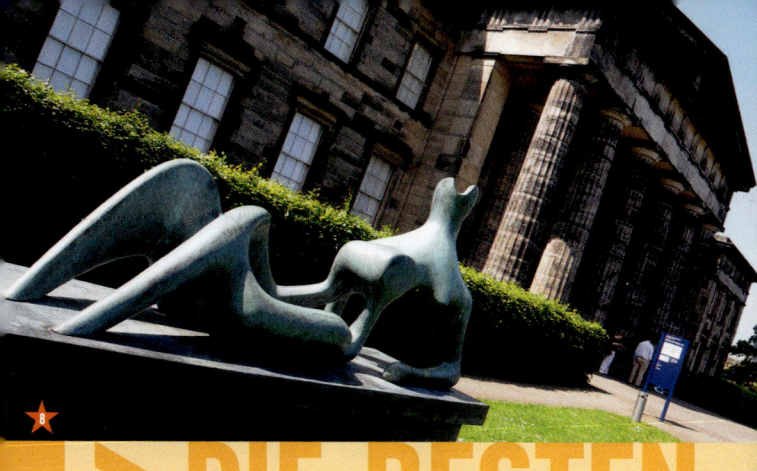

> DIE BESTEN MARCO POLO HIGHLIGHTS

☆ The Grain Store
Eine Restaurantformel, die satt und romantisch aufgeht: In schnörkellosen Altstadtmauern sind cooler Service und ausgezeichnete schottisch-französische Küche bezahlbar (Seite 54)

☆ George Street
Shoppen und Bummeln in feinster Atmosphäre: Die Fashion Mile mit edler georgianischer Architektur ist das New-Town-Gegenstück zur Royal Mile (Seite 61)

☆ Royal Mile Whiskies
Wer einen gepflegten Schluck zu Hause genießen will, sollte einfach mal vorbeischauen: Alle schottischen Lebenswasser haben hier ihr touristisches Hauptquartier (Seite 63)

☆ Leith
Der alte Hafen vor der Stadt als neues Ausgehmekka mit Sterneköchen und Terence-Conran-Architektur (Seite 64)

☆ Café Royal Circle Bar
Elegantestes barockes Pub der Stadt, in dem viktorianische Geistesgrößen Ihnen beim Trinken als Keramiken von der Wand zuschauen (Seite 66)

☆ The Voodoo Rooms
Der Name ist Programm: Dieser viktorianische Nachtclubtraum beschwört wahren Voodoo-Zauber (Seite 68)

☆ Hotel du Vin
Gelungene Verquickung von denkmalgeschütztem Gemäuer und zeitgenössischem Hotelprofil (Seite 74)

WAS
FÜR
EINE
STADT!

> Seit Edinburgh wieder Hauptstadt und dazu noch Weltkulturerbe ist, blüht nicht mehr nur die Heide auf den Hausbergen. Kochkunst veredelt sogar den Haggis, den gefüllten Schafsmagen, Boutiquehotels kuscheln sich in romantische Gemäuer, und der Kilt kriegt Haute-Couture-Schnitt. Natürlich bedient die festivalsüchtige Stadt den schottischen Mythos: Kerle in karierten Röcken, Straßenmusiker mit Dudelsäcken, Whisky in rauen Mengen, Folkmusik zum Ausrasten. Dazu die perfekte Highland-Skyline mit einer Burg als Wolkenkratzer und einer ganz besonderen Spannung: Edinburghs zwei Stadthälften sind so verschieden wie ihre Bürger Dr Jekyll und Mr Hyde.

> Als kleine Hauptstadt am Rand Europas kann Edinburgh im Städtekonzert nicht die erste Geige spielen – höchstens den ersten Dudelsack. Bislang galt die Stadt vielen Besuchern kaum mehr als eine Ouvertüre auf dem Weg in die Highlands. Aber seit mit der teilweisen Autonomie Schottlands 1999 und mit der Einrichtung des Regionalparlaments die Hauptstadtwürde wiederbelebt wurde, erwacht die Schöne wie aus einem Dornröschenschlaf. Zu den Kulturfestivals gesellen sich ganz frische Michelin-Sterne, Modehäuser und -boutiquen, der Umbau des Hafens und eins der aufsehenerregendsten Parlamentsgebäude Europas. Dank neuer Direktflüge ist Edinburgh ein perfektes Stadtziel.

Diese Stadt ist eine Naturbegabung. Vulkanismus und Eiszeiten ließen am Meeresarm des Firth of Forth eine dramatische Hügellandschaft zurück, die ohne die Metropole mittendrin gar nicht richtig zur Geltung käme. Eine Königsburg wie ein Adlerhorst aus dem 7. Jh. bildete den Grundstein, die Stadt legte sich später zu Füßen von Edinburgh Castle – heute noch Edinburghs einziger Wolkenkratzer. Die dramatische Skyline der Altstadt im Sonnenuntergang oder durch Nebelschwaden zu sehen, am besten von einem der drei Stadthügel, ist eines der stimmungsvollsten Porträts einer Metropole in Europa.

> *Schönheit, die alle romantischen Seelen verzaubert*

Dass die etwas entlegene Schönheit am Rand von Hochmooren bereits seit 200 Jahren kein Geheimtipp mehr ist, verdanken Edinburgh und Schottland einem einzigen Mann. Der Autor

Walter Scott nahm sich im 19. Jh. einer wenig ansehnlichen Haudegenhistorie an und verwob Legenden, blutige Schlachten zwischen Engländern und Schotten und tragische Liebesgeschichten aus den Highlands zu süffigen Historienromanen. Was aus der Scott'schen Feder floss, war vielleicht nicht allerfeinste Prosa, aber die Leser in Europa verschlangen es. Und reisten prompt nach Schottland, wie etwa Theodor Fontane, der Edinburgh wegen seiner neoklassizistischen Architektur als „Athen des Nordens" empfand. Schottlandtourismus ist also ohne Scott undenkbar, genauso wenig die Highlander-Filme aus Hollywood. Der Kult um den Kilt auch nicht. Scott machte aus dem seit einer bösen Niederlage gegen die Engländer geächteten rockartigen Umhang der Highlander einen Modeartikel, als er

den englischen König Georg IV. 1822 nach Edinburgh lud und ihn in einen Kilt steckte.

> *Die Stadt der Highlander als geistiger Nabel Europas*

Edinburghs Begabung erschöpfte sich allerdings nicht in der tollen Lage, in Romanen und Männerröcken. Der ultrastrenge Kirchenreformator John „Killjoy" Knox brachte den Kalvinismus ins katholisch gesinnte Edinburgh und verschrieb der Nation 1560 das „Book of Disciplin". Edinburgh wurde zum Epizentrum eines schottischen Moralbebens, was aber die Kirche vom Königtum unabhängiger machte – anders als im weniger basisdemokratisch reformierten England. Edinburghs Protestantismus erschuf Institutionen wie unabhängige Kirche, Gerichte und Schulen.

Zwar stank die Stadt, in der im 17. Jh. wohl 50000 Menschen auf engstem Raum und in zehn-, zwölfstöckigen Hochhäusern hausten, zum Himmel. Warf man seinen Trinkbecher im Pub an die Wand, blieb der dort im Dreck stecken. Dennoch trafen sich in diesen Kneipen immer mehr Dichter und Denker zum vehementen Gedankenaustausch. Die neue protestantische Philosophie erschuf einen Edinburgher, der zwar als hitzköpfiger Highlander immer noch keiner Wirtshausschlägerei aus dem Weg ging, sich aber über Gott und die Welt den Kopf zerbrach. Schottische Aufklärung nannte man das. Ergebnisse waren 1726 die erste medizinische Fakultät Großbritanniens in Edinburgh und 1739 eine

Duo in feinem Rot: einsamer Briefkasten vor der Eisenbahnbrücke über den Firth of Forth

philosophische Gesellschaft. Die Stadt wurde zeitweilig zu einem geistigen Nabel Europas, wie Voltaire fand. Aus Edinburgh kamen geistige Größen wie etwa Adam Smith, der Vater der Volkswirtschaftslehre – und das, obwohl das bankrotte Schottland 1707 quasi entmündigt und nach England eingemeindet wurde.

> *Die New Town, ein Highlight großzügiger Städteplanung*

Dieses Edinburgh der Geschichte(n) sehen Sie linker Hand aufleuchten, wenn Sie sich auf dem Calton Hill zu einem romantischen Abendpicknick einfinden: im Hintergrund die alte Burg, von deren Hügelhöhe sich die dicht besetzte Altstadt in mittelalterlichem Gewand zum königlichen Holyrood-Schloss hinunterschwingt. Rechter Hand schiebt sich eine neue, völlig andere und seltsam ordentliche Stadt ins Bild – die inzwischen auch schon gut 200 Jahre alt ist. Die georgianische New Town ist das Nonplusultra in damaliger Stadtplanung: uniform, präzise, großzügig und mondän. Ein Ort zum Wandeln und Schauen. Riesige Fenster und hohe Räume. Reihenhäuser mit Palastfassaden. Als Walter Scott den englischen König Georg IV. einlud, kam dieser in die New Town: eine Satellitenstadt, in der sich die besseren Bürger Edinburghs niedergelassen hatten, weil die Überbevölkerung drüben sie dazu gezwungen hatte. Seit dem Bau der Neustadt um 1800 und der Trockenlegung des Abwassersees an der heutigen Stelle der Princes Street Gardens hat sich Edinburgh allerdings architektonisch nicht mehr großartig weiterentwickelt. So ein grandioser Wurf reicht nun mal für Jahrhunderte.

Mit etwa 450 000 Einwohnern ist Edinburgh heute Schottlands zweitgrößte Stadt. Während das nur eine knappe Bahnstunde entfernte, größere Glasgow postindustriell und hemdsärmelig wirkt, werfen sich Banker und Regierungsbeamte in der Hauptstadt gern in Anzug und Krawatte. Dass Schottland aus der politischen Union mit England ausscheren konnte, verdankt man der Millenniumspolitik des Londoner Schotten Tony Blair. Der inzwischen verstorbene katalanische Architekt Enric Miralles durfte auf der Altstadtmeile ein faszinierendes Parlamentsgebäude bauen, das seit 2004 dem existierenden Häuserspalier einen östlichen Endstein setzt. Zu teuer, lamentierten viele Edinburgher. Fantastisch, lobte die Architekturwelt.

Das Scottish Parliament liegt in der Nachbarschaft des barocken Palace of Holyroodhouse, der Adresse der englischen Königin in Edinburgh. Der bauliche Kontrast öffnet die Augen für die Schwierigkeit, zeitgenössische Elemente in eine stilistisch derart homogene Umgebung einzufügen. Das Gebäude, in dem die mit der völligen Unabhängigkeit liebäugelnde Scottish National Party (SNP) bislang nur das Zepter einer Teilautonomie schwingt, ist aber nicht nur ein Haus für Schottland als neuen Staat. Es scheint zurzeit auch den Anstoß für die Umgestaltung des Stadtviertels zwischen Royal Mile und Calton Hill zu liefern. Während Glasgow sich bereits aus seinem industriellen Niedergang herausgeboxt hat, will Edinburgh in den nächsten Jahren vorsichtig an einem zeitgemäßeren Profil basteln. Dabei müssen die Stadtplaner zwischen dem Willen nach Aufbruch und den Auflagen eines Weltkulturerbes lavieren. Denn Old und New Town tragen beide das begehrte

seit der Aufklärung nicht mehr ruhen lässt. Seit 1947 bestimmt das International Festival Edinburghs Hochsommer und hat inzwischen weltweit zahlreiche Nachahmer gefunden.

Aus Ihrem Trip nach Edinburgh wird also eine Zeitreise. Diese Stadt, zugleich gotisch-grotesk und klassisch-

Wenn die Queen zu Besuch ist, bettet sie das königliche Haupt im Palace of Holyroodhouse

Unesco-Siegel. Kein Wunder also, dass die schottische Kapitale mit den zwei Herzen immer im Kulturfestivalmonat August am Rande des Infarkts steht. 2 Mio. Besucher lassen die Stadt aus ihren Nähten platzen. Im Edinburgh International Festival, aber auch im Fringe Festival und im Military Tattoo entlädt sich ein kreativer Drang zur Förderung des menschlichen Geistes, der die Edinburgher

mondän, hat eine Aura der Verwunschenheit wie sonst wohl keine andere. Gerade, wenn Sie darüber nachdenken, wie Sie ihrem Zauber entkommen, schwellen Dudelsackklänge aus allen Gassen. Lassen Sie sich nie mehr bei diesem Gedanken erwischen. Denn: Sie können zwar jederzeit ihre Koffer packen, auschecken und sich auf den Heimweg machen – Edinburgh wird Sie aber nie wieder loslassen!

▶▶ TREND GUIDE EDINBURGH

Die heißesten Entdeckungen und Hotspots!
Unser Szene-Scout zeigt Ihnen, was angesagt ist

Dougal Marwick

Der Creative Director eines Grafikbüros ist vielfältig interessiert. Von Kunst über Design bis hin zu Musik kennt er sich in der lokalen Szene Edinburghs nicht nur aus, sondern wird gerne selbst aktiv. Er ist Mitglied einer Band und hat ein Kunstprojekt auf die Beine gestellt. In seiner Freizeit schlendert unser Szene-Scout am liebsten durch die City, kauft alte Schallplatten oder genießt die Ruhe im Botanischen Garten.

▶▶ WAS FÜR EINE NACHT?

Super Clubabende

Wo spielen lokale Bands, legen Underground-DJs auf und schlägt der musikalische Puls der Stadt? Die Antwort liegt auf der Hand: bei den Veranstaltungen, die von den zahlreichen Clubs organisiert werden. Für Glamour sorgen die Swing-Clubabende unter dem Namen *Vegas!*, wenn Frankie Su-

matra, Bugsy Seagull, Dino Martini und die Vegas Showgirls für die richtige Atmosphäre sorgen (*The Caves, Niddry Street South, www.vegasscotland.co.uk*, Foto). Jeden Samstag dreht sich in der *Wee Red Bar* alles um Sixties Mowtown, Pop, Punk und neue Musik aus der Region. Die Veranstaltungsreihe dazu heißt *The Egg* und wird vom *Edinburgh College of Art* initiiert (*Lauriston Place, www.weeredbar.co.uk*). Heißer Partytipp: die *Modern Lovers Party* jeden letzten Freitag im Monat. Soul, Funk, Reggae und Rock'n'Roll mit DJ Craig Jamieson sowie erlesenen Gast-DJs, z. B. Bandmitgliedern der Kaiser Chiefs oder Portishead (*The GRV, 37 Guthrie Street*).

SZENE

▶▶ DRINK & HELP

Trendgetränk This Water

Getränke, die es zum In-Drink schaffen wollen, müssen mehr bieten, als nur gut zu schmecken. In Edinburgh macht sich gerade *This Water* auf seinen Siegeszug durch die Stadt. Dahinter verbirgt sich eine leckere Fruchtsaftschorle, stylish verpackt in einer Designerflasche. Bis dahin noch nichts Neues – doch wer This Water trinkt, unterstützt damit ein Trinkwasserprojekt in Äthiopien. Das Getränk der Stunde, das die Welt ein bisschen besser macht, gibt es sowohl in durchdesignten Bars wie dem *EAT* am Flughafen *(1st Floor, Landside, Edinburgh Airport, www.eat.co.uk)* als auch in gemütlichen Studentenkneipen wie dem *Upper Crust Cafe (205 E Main Cross Street, www.theuppercrustcafe.com)* oder im *Caffè Ritazza (Edinburgh Haymarket Railway Station, www.ritazza.sspweblive.com)*.

▶▶ CITYSPORT

Von Brückenschwingen bis Abseiling

Edinburgh lockt Abenteuersportler. Wenn es jedes Jahr im Sommer beim *Rat Race – Urban Adventure Run* ums Abseiling, Kayaking und Klettern geht, ist Sportsgeist gefragt *(www.ratraceadventure.com)*. Wer sich mal so richtig „hängen lassen" will, der geht zum *Forth Rail Bridge Abseil*. Die Brücke verbindet Edinburgh mit der Halbinsel Fife und entwickelt sich zum beliebten Spot für Adrenalinjunkies. Hier lassen sich etwa Mutige an einem Seil in die Tiefe gleiten *(www.ultimateabseil.com*, Foto). Im Braidburn Valley Park dreht sich seit Kurzem alles ums Orienteering: Es gilt 21 Kontrollpunkte in einem fest installierten Parcours in Bestzeit abzulaufen und dabei nicht die Orientierung zu verlieren. Gestartet wird am Haupteingang des Parks am Greenbank Crescent *(www.braidburnvalleypark.org.uk/orienteering)*

▶▶ STAND-UP-COMEDY

Gehen zwei Schotten ...

So oder ähnlich beginnt ein typischer Schottenwitz. Die besten Lachnummern finden in Edinburgh aber in den kleinen Comedyclubs statt. Das intime Ambiente und das intellektuelle Flair kommen auch bei Szenegängern gut an, und ein Abend im Comedyclub ist wieder schick. Legendär: *The Stand Comedy Club (5 York Place)*. Klein, aber fein ist die Bühne im Kellergeschoss des *Canon's Gait (232 Canongate)*. Mit Zirkus hat das *Jongleurs Edinburgh* wenig zu tun, denn hier trifft sich die Crème de la Crème der Kleinkunstszene *(Unit 6/7 Omni Leisure Development, Greenside Place)*.

▶▶ THE SOUND OF EDINBURGH

Alles nur kein Mainstream

Punk trifft auf Techno trifft auf Bluesriffs – der Musikmix der Bands aus Edinburgh schlägt interessante Wege ein. Das Aushängeschild der alternativen Szene ist die Ambient-Blues-Techno-Band *Boards of Canada (www.boardsofcanada.com)*. Die besten Anlaufstellen für News und Musik in Edinburgh sind Plattenläden wie *Hog's Head Music*, bekannt für eine hervorragende Secondhand-Auswahl und seltene Grunge- und Punk-CDs *(62 South Clerk Street, www.hogs-head.com)*, und *Elvis Shakespeare*, wo Musik und Literatur kombiniert werden und jede Menge aktuelle und exzellente Tonträger auf Lager sind *(347 Leith Walk, www.elvisshakespeare.com, Foto)*.

▶▶ FILM AB

Indie-Produktionen sind im Kommen

Während die Blockbuster in den neuen Multiplex-Kinos der Stadt um die Gunst des Publikums buhlen, hat die Independent-Filmszene ihren Wirkungskreis stetig erweitert. Das *Leith Short Film Festival (www.leithshortfilmfestival.co.uk)* oder das *Deep Fried Film Festival (www.deepfriedfilm.org.uk)* fördern vor allem lokale Filmemacher. Ein Forum für Programmkino bietet das *Cameo Cinema*, eines der schicksten und ältesten Arthouse-Kinos von Edinburgh. Der alte Charme blieb erhalten, dafür ist die Technik auf dem neuesten Stand *(38 Home Street, Foto)*. Im *Dominion* stehen ebenfalls Independent-Produktionen auf dem Programm *(18 Newbattle Terrace, www.dominioncinemas.net)*.

►► TREFFPUNKT KULTUR

Kaffee und Kunst statt Kaffee und Kuchen

Viele Edinburgher Cafés locken ihre Gäste mit einem kleinen kulturellen Nebenprogramm. *Henderson's Vegetarian Restaurant* nennt neben Bistro und Restaurantbetrieb im Kellergeschoss nun auch eine Galerie, die *Janet Henderson Gallery*, sein Eigen (*94 Hanover Street, www.hendersonsofedinburgh.co.uk*). Das *Arts Café* ist mit Selbstbedienungs-Counter und schlichtem Design unprätentiöser als der Name andeutet. Kunstinteressierte schauen sich die Ausstellung in der Galerie an und

genießen anschließend einen der leckeren Burger (*1 Market Street, www.cac.org.uk*). Das *Drill Hall Arts Café* ist ein Treffpunkt für Künstler, die im selben Gebäude ihre Studios, Ateliers und Proberäume haben (*34 Dalmeny Street, www.outoftheblue.org.uk*, Foto).

►► RETRO-SHOPPING

Vintage-Boutiquen

Mode und Design im Retrolook der 1930er- bis 1970er-Jahre zieren die Trendseiten der Modemagazine, und Models wie Kate Moss haben den Look populär gemacht. So werden alteingesessene Institutionen wie die Heilsarmee kurzerhand in *Bernando's Vintage* umbenannt (*116 West Bow*). Die Atmosphäre hat unter dem Imagewechsel nicht gelitten: Dasselbe Team kümmert sich nun liebevoll um die Vintage-Klientel. Bei *Godiva* gibt's Designperlen im 1950er- bis 1960er-Jahre-Stil sowie Entwürfe von Studenten des *Edinburgh College of Art*, kurz *ECA* (*9 West Port, www.godivaboutique.co.uk*, Foto). Ein paar Jahrzehnte weiter und man landet in den 70ern und 80ern und somit bei *Herman Brown*. Hier finden Modefans nicht nur Glamour-Leggins im Eighties-Look, sondern stöbern auch in ausgefallenen Designraritäten (*151 West Port, www.hermanbrown.co.uk*).

> EDINBARRA!

Von Queen Mary bis zur Schottlandpartei und dem „Wasser des Lebens" – Schottisch ist längst hoffähig

SEAN CONNERY

James Bond wurde 1930 in Edinburgh geboren: Als Junge fuhr Sean Connery Milch in der Gegend um das renommierte Fettes College aus, das z.B. Edinburghs Tony Blair besuchte und wo Romanautor Ian Fleming seinem Topspion eine Ausbildung andichtete. Connery wurde Bodybuilder, Aktmodell am Edinburgh Art College und 1950 Dritter beim Mister-Universum-Wettbewerb. 1956 drehte er seinen ersten, 2006 seinen bislang letzten Film (als virtuelle Figur und Stimme in dem Zeichentrickfilm „Sir Billi the Vet"). Seinem schottischen Akzent blieb der erste Bond-Darsteller in all seinen Filmen treu, er wurde von der Queen geadelt, vom People's Magazine als 69-Jähriger zum *Sexiest Man of the Century* gewählt und unterstützt schon seit Längerem die Scottish National Party (SNP).

STICH WORTE

MARY QUEEN OF SCOTS

Edinburghs berühmteste Prominente ist schon über 420 Jahre tot. Die schöne Mary Stewart – geboren im Linlithgow Castle westlich von Edinburgh – wurde bereits in ihrem Geburtsjahr 1542 zur schottischen Königin ernannt. Mit sechs Jahren zwecks Heirat und Erziehung an den französischen Hof verbannt, kehrte sie 19-jährig als eine Stuart heim. In den nächsten sechs Jahren führte Mary in Edinburgh ein skandalumwittertes Leben mit mehreren Ehen, Vergewaltigung und Mord am Hof. Der eigentliche Skandal aber war ihre Zugehörigkeit zum Katholizismus und ihre Lebenslust in Zeiten der Reformation. Ihr englisches Asyl – nachdem sie der protestantische Adel aus Amt und Land gejagt hatte – endete in den Kerkern ihrer königlichen Cousine Elizabeth, die sie nach 19 Jahren politischer Haft köpfen ließ.

Hochmodern: schottisches Parlament

der Schotten vor allem in den südlichen Landesteilen gesprochen wird. Dabei handelt es sich nicht um eine Schriftsprache, denn es gibt keine Regel für die Schreibung. Schriftsteller wie der Klassiker Robert Burns etwa oder der Zeitgenosse Irvine Welsh schreiben das Gesprochene so nieder, wie es sich anhört, also fonetisch. Das schottische Gälisch – Keltisch – hingegen ist eine eigene Sprache, die vor vielen Jahrhunderten von irischen Einwanderern mitgebracht wurde. Wissen muss man letztlich nur, dass Edinburgh schottisch-schnarrend ausgesprochen wird: Edinbarra!

SNP

Die Scottish National Party hat unter ihrem Vorsitzenden Alex Salmond 2007 die Regierungsgeschäfte mit nur 47 von 129 Parlamentssitzen übernommen. Die SNP ist linksliberal, gibt sich proeuropäisch und ökologisch ausgerichtet, möchte den Euro in Großbritannien eingeführt sehen, die Schotten über die Unabhängigkeit abstimmen lassen und ist im Europaparlament der Fraktion der Grünen zugehörig.

TARTAN

Schottenkaros sind die wohl langlebigste Mode der Welt. 1746 verboten die Engländer den Schotten das Tragen von bunten Familienkaros, ein Jahrhundert später führte das Interesse von Londoner Schotten zum Revival. Heute besitzen auch Städte oder Organisationen wie Amnesty International einen eigenen Tartan.

SCOTTISH

Das schottische Englisch hört sich wie ein Dialekt an, sprachwissenschaftlich verhält sich das aber ganz anders: Schottisch ist ebenjenes Englisch, das in ganz Schottland als landesweite Bildungssprache gilt. „Scots" hingegen ist viel eher ein Dialekt, der von etwa einem Drittel

WELTKULTURERBE

Das harmonische Nebeneinander zweier bestens erhaltener, grundsätzlicher Ideen von Stadtplanung brachte Edinburgh 1995 Weltkulturerbestatus. 4,5 km muss man zurücklegen, will man die Grenzlinie zwischen Old und New Town ablaufen; 75 Prozent der Gebäude sind denkmalgeschützt. Neue Projekte, wie etwa moderne Hotelbauten in der mittelalterlichen Altstadt, ließen Sorge um die einzigartige Skyline auftreten. 2008 stellten Unesco-Experten allerdings fest, dass die Baupläne keine Gefährdung für Edinburghs Status darstellten. Ab 2011/12 sollen wieder Straßenbahnen zwischen Leith und dem Flughafen und auch auf der Princes Street fahren. Zumindest die Oberleitungen auf der Princes Street werden die Sicht auf die Altstadt verschandeln, finden einige Edinburgher.

WHISKY

Eine Urkunde in der Edinburgher Nationalbibliothek beweist: 1494 orderte ein gewisser John Cor 1 t Gerstenmalz, um „aqua vitae" herzustellen. Der edle Single Malt, also der unverschnittene Tropfen aus einer einzigen Destille, wurde etwa 400 Jahre später eingeführt, verschwand wieder vom Markt und ist seit 1960 wieder als Kennergetränk aufgetaucht. Inzwischen macht Single Malt Whisky etwa ein Zehntel des verkauften schottischen Whiskys aus. Edinburgh ist die Hauptstadt des Malt, hierher lohnt sich ein Wochenendtrip nur zum Whisky-Shopping, etwa in den Geschäften der Royal Mile. Übrigens: Schottisches Lebenswasser heißt *uisge beatha* und wird knackig verkürzt zu *whisky*, nicht zu verwechseln mit der irischen oder amerikanischen Schreibweise als *whiskey*.

> DAS KLIMA IM BLICK

Handeln statt reden

Reisen bereichert und verbindet Menschen und Kulturen. Jedoch: Wer reist, erzeugt auch CO₂. Dabei trägt der Flugverkehr mit bis zu 10% zur globalen Erwärmung bei. Wer das Klima schützen will, sollte sich somit nach Möglichkeit für die schonendere Reiseform (wie z. B. die Bahn) entscheiden. Wenn keine Alternative zum Fliegen besteht, so kann man mit *atmosfair* handeln und klimafördernde Projekte unterstützen.

atmosfair ist eine gemeinnützige Klimaschutzorganisation.

Die Idee: Flugpassagiere spenden einen kilometerabhängigen Beitrag für die von ihnen verursachten Emissionen und finanzieren damit Projekte in Entwicklungsländern, die dort helfen, den Ausstoß von Klimagasen zu verringern. Dazu berechnet man mit dem Emissionsrechner auf *www.atmosfair.de* wie viel CO₂ der Flug produziert und was es kostet, eine vergleichbare Menge Klimagase einzusparen (z. B. Berlin–London–Berlin: ca. 13 Euro). *atmosfair* garantiert, unter der Schirmherrschaft von Klaus Töpfer, die sorgfältige Verwendung Ihres Beitrags. Auch der MairDumont Verlag fliegt mit *atmosfair*.

Unterstützen auch Sie den Klimaschutz: *www.atmosfair.de*

KELTISCHE FEIERLAUNE

Edinburgh ist fast das ganze Jahr über Kulturbühne – Feste für Mystik Theater, Wissenschaft, sogar für die Schafsmagenpastete Haggis

> Nicht umsonst trägt Edinburgh den Beinamen Festivalstadt. Im Eventkalender der schottischen Kapitale geht es besonders im August hoch her, wenn mehrere Festivals gleichzeitig unzählige Gäste anlocken. *Weitere Infos unter www.eventsedinburgh.co.uk und www. edinburghfestivals.co.uk.*

◾ FEIERTAGE

1. Jan. *(New Year's Day)*; **7. Jan.** *(2nd January)*; **Karfreitag** *(Good Friday)*; **letzter Montag im Mai** *(Spring Bank Holiday)*; **erster Montag im August** *(Summer Bank Holiday)*; **30. Nov.** *(St Andrews Day)*; **25. Dez.** *(Christmas Day)*; **26. Dez.** *(Boxing Day)*. Fallen die Weihnachts- oder Neujahrstage auf einen Samstag oder Sonntag, ist der darauffolgende Montag frei.

◾ VERANSTALTUNGEN

Januar

25. Jan.: Zum Geburtstag von Robert Burns werden in der *Burns Night* in Restaurants zu Haggis und Whisky seine Reime auf ebenjenen Haggis rezitiert.

März/April

Letzte Märzwoche bis Mitte April: Das *Ceilidh Culture Festival* feiert keltische Kultur in Musik und Literatur.

April

Während des *International Science Festivals* stehen zwei Wochen lang Technologie und Wissenschaft im Fokus von über 200 Veranstaltungen. *www.sciencefestival.co.uk*

30. April: Das *Beltane Fire Festival* ist eine keltische Megaparty auf dem Calton Hill. Mit Feuer, Trommeln und in ekstatischer Feierlaune begrüßen über 12000 Menschen den Sommer – ein ziemlich heißer Tanz in den Mai.

Mai

Letzte Maiwoche: Das *Imaginate Festival* ist Großbritanniens größtes Theaterfest für Kinder und Jugendliche.

Juni

Mitte Juni: Die *Royal Highland Show* in Flughafennähe ist mit vier Tagen Schott-

Aktuelle Events weltweit auf www.marcopolo.de/events

> EVENTS
FESTE & MEHR

lands größtes Agrarfest. *www.royal highlandshow.org*
Mitte Juni: Sean Connery, Tilda Swinton und Robert Carlyle sind Paten des zwölftägigen *Edinburgh International Film Festival*. *www.edfilmfest.org.uk*

Juli
Ende Juli: Das *Edinburgh Jazz & Blues Festival* dauert zehn Tage. *www.edinburghjazzfestival.co.uk*

August/September
Das ⭐ *Edinburgh International Festival (drei Wochen ab Mitte August, klassisch, www.eif.co.uk)* sowie das
⭐ *Edinburgh Festival Fringe (drei Wochen im August, Theater und Comedy, www.edfringe.com)* gelten als größte Kulturveranstaltungen der Welt. Das *Edinburgh Military Tattoo (drei Wochen im August, www.edinburgh-tattoo.co.uk)* direkt vor der Burgkulisse ist das weltweit attraktivste Militärbandfest. Recht neu ist das *Edinburgh Art Festival (vier Wochen im August und September,*

www.edinburghartfestival.com) in Museen und Galerien.
Das *Edinburgh International Book Festival* in der zweiten Augusthälfte hat über 800 Veranstaltungen. *www.edbookfest.co.uk*
In der letzten Augustwoche tobt mit dem *Edinburgh Mela* der ethnische Karneval in Leith. *www.edinburgh-mela.co.uk*

Oktober
Letzte Oktoberwoche: Schotten lieben das Geschichten erzählen und feiern das während des *Scottish International Storytelling Festival* im Story Telling Centre.

Dezember
Edinburgh's Christmas ist Großbritanniens größter Weihnachtsmarkt mit Eisfläche, in den Princes Street Gardens.
29. Dez.–1. Jan.: *Hogmanay* heißt das 3- bis 4-tägige populäre Neujahrsfest. Höhepunkt ist die von vielen Zehntausenden Einheimischen und internationalen Besuchern in der ganzen Stadt gefeierte Straßenparty am Silvesterabend (Eintritt!). *www.edinburghhogmanay.org*

> DIE STADT MIT DEN ZWEI SEELEN

Gassen, die Geschichte atmen, in Old Town – und städtebauliche
Eleganz in New Town: Spannung à la Edinburgh

> **Edinburgh ist eine Theaterkulisse, kei-
ne moderne Metropole. Steigen Sie auf
einen der drei schroffen Vulkanhügel, und
Ihnen liegen zwei komplett verschiedene
Innenstädte zu Füßen – aus zwei vergan-
genen Epochen, aber nicht aus dem
Zeitalter baulicher Moderne.**
Der einzige Wolkenkratzer ist Edinburgh Castle. Von hier aus zeigt sich
das unter Ihnen ablaufende urbane
Schauspiel als Thriller in romanti-
schem Setting, aus dem seit Jahrhun-

derten Literaten ihre Kreativität sau-
gen. Steigen Sie hinab in ein grandio-
ses Amphitheater, betreten Sie die
Bühne, und seien Sie Zuschauer und
Mitwirkender zugleich.

Unten angekommen, befindet sich
alles in Reichweite von Spaziergän-
gen im Schlendertempo. Da die architektonische Homogenität des je-
weiligen Stadtviertels die frappie-
rendste Sehenswürdigkeit ist, würde
Ihnen etwas entgehen, wären Sie

Bild: Blick vom Scott Monument auf Old Town

SEHENS WERTES

schneller unterwegs. Denn Edinburgh hat viele intime Ecken, die Sie direkt das spüren lassen, was unter der Haut der Stadt liegt. Lassen Sie also keine ausgetretene Treppengasse, keinen Friedhof und kein Gespräch auf der Straße aus. Die städtebauliche Kompaktheit der Old Town wird nur einmal von der Brückenstraße unterbrochen, die sich nach Norden zum Hauptbahnhof Waverley Station hinunterschwingt, benannt übrigens

nach dem historischen Waverley-Roman von Walter Scott (1814). Nur im unteren Teil der Altstadt schlägt das Gebäude des schottischen Parlaments von 2004 eine moderne, vieldiskutierte architektonische Bresche in die Häuserphalanx.

Edinburgh kann aber auch ganz schön arrogant auftreten, dort, wo die elegante New Town sich ständig ihrer baulichen Einzigartigkeit bewusst zu sein scheint. Auf dem Weg in die

Die Karte zeigt die Einteilung der interessantesten Stadtviertel. Bei jedem Viertel finden Sie eine Detailkarte, in der alle beschriebenen Sehenswürdigkeiten mit einer Nummer verzeichnet sind

faszinierende Villenstadt von 1800 können Sie durch die herrlichen Princes Street Gardens laufen, quasi die botanische Zäsur zwischen beiden Stadthälften. In der georgianischen Neustadt wuchs Robert Louis Stevenson auf. Er setzte später der zwitterhaften Stadt mit seinem Roman über Dr Jekyll, der sich nächtens in den mörderischen Mr Hyde verwandelt, ein Denkmal. Zum Schluss sollten Sie die Bühne durch den Hinterausgang verlassen: Im Westen spazieren Sie am Flüsschen Water of Leith entlang, durch ein dörfliches Idyll, das irgendwann am Meer endet, wo sich der alte Hafen Leith zu einem angesagten Ausgehviertel gemausert hat.

OLD TOWN

> Die Royal Mile ist das pulsierende Herz Edinburghs, und man spürt diese Lebendigkeit auf jedem Schritt ihrer Länge von etwa 1,8 km – was einer alten schottischen Meile entspricht. Ein Tag vergeht im Nu mit dem Runter- und Raufschlendern der Meile, die moderat, aber stetig von der Burg zum Palace of Holyroodhouse ostwärts abfällt. Dazwischen locken Geschäfte in mittelalterlichen Hochhäusern, die marktschreierisch mit Kilt, Tartan und Whisky um die zahlreichen Besucher werben. Sie entdecken aber auch kleine Restaurants und Cafés in Souterrains, Kirchen, Museen und enge

Treppengassen, die wie Rippen vom Rückgrat der Meile abzweigen.

Südlich von ihr wirken die Straßen noch canyonartiger zwischen den vielstöckigen denkmalgeschützten Gebäuden. Kleine, steile Verbindungen wie die *Victoria Street*, die *Candlemaker Row* und die *King's Stables Road* führen wie Arterien ins quirlig klopfende Altstadtherz. Dort gedeihen, zwischen Zapfhähnen, Kaffeehausstühlen und Restaurants jede Menge charmanter kreativer Boutiquen. Und zwischen *Grassmarket*, *Cowgate* und *Nicholson Street* hallt das mittelalterliche Labyrinth vom Nachtleben wider.

1 ARTHUR'S SEAT ❄ [113 F4]
Einen Weitblick von bis zu 100 km an schönen Tagen erlaubt die landschaftlich dramatischste der drei vulkanischen Erhebungen im Stadtkern (251 m). Wie ein Festungswall erhebt sich der Block aus Eruptivgestein südlich von Holyroodhouse und Parlamentsgebäude, sichtbar ist er von vielen Stellen der Stadt. Steil führt ein Weg entlang der schroffen Salisbury Crags zum Gipfel hinauf. Schon nach gut 100 m Anstieg erlaubt Ihnen die gewonnene Höhe den besten Blick auf das Parlament, dessen Einbau in die Altstadt sich nur aus dieser Perspektive übersichtlich erschließt. Feste Schuhe und wetterfeste Kleidung sind angebracht, sollten Sie den bis zu 8 km langen Rundweg über die Höhe fortsetzen wollen. Denn das wilde Terrain und auch das schnell wechselnde Wetter können durchaus überraschen.

MARCO POLO HIGHLIGHTS

⭐ **Edinburgh Castle**
Die wichtigste königliche Herberge Schottlands erhebt sich auf einem Vulkanhügel hoch über der Stadt (Seite 26)

⭐ **Royal Mile**
Auf dem grandiosen Straßenzug von der Burg zum Schloss schlägt seit Jahrhunderten das Herz der Stadt (Seite 33)

⭐ **Scottish Parliament**
Geniales, nicht unumstrittenes Bauwerk für Schottlands neues Millennium (Seite 34)

⭐ **Calton Hill**
Der Vulkanhügel ist wie gemalt, für romantische Abendblicke über die Stadt (Seite 37)

⭐ **Charlotte Square**
An der ersten Adresse in New Town wohnt der Erste Minister (Seite 39)

⭐ **Princes Street Gardens**
Edinburghs Central Park ist wie eine grüne Schlucht in der Stadt (Seite 42)

⭐ **Royal Botanic Garden**
Wunderbare gezähmte Wildnis mit künstlerischer Befruchtung während des Festivals (Seite 46)

⭐ **Royal Yacht Britannia**
Königinnen-Yacht a. D. im Design der guten alten Zeit (Seite 47)

⭐ **Scottish Gallery of Modern Art**
Der Gebäudetempel ist älter als das gezeigte Kunst-Jahrhundert (Seite 47)

2 **CAMERA OBSCURA** ☀ [111 F2]

Was viktorianische Touristen schon 1850 begeisterte, fasziniert auch heute noch viele Besucher. Eine Art bewegliche Lochkamera mit einer Brennweite von 8,6 m projiziert Ansichten Edinburghs in ein dunkles Obergeschoss eines Turms neben der Burg. Im Turmzimmer erscheinen wie von Zauberhand Ausschnitte der Stadt, die den weich gezeichneten Charme alter Bilder haben. Die Ausstellungen, die man auf dem Weg nach oben durchschreitet, vermitteln die Zusammenhänge der Fotografie.

Auf dem Dach des Camera-Obscura-Turms stehen moderne Teleskope, mit denen Sie Neu- und Altstadt optisch nah heranholen können. Interaktive Ausstellungen im magischen Turm bringen visuelle Phänomene wie Hologramme oder Plasmaenergie näher. Die Camera Obscura ist bei schönem Wetter interessanter, die Ausstellungen dagegen lassen einen regnerischen Tag vergessen. *Tgl. April–Okt. 9.30–18, Nov.–März 10–17, Juli, Aug. bis 19.30 Uhr | Eintritt £ 8,50 | Castle Hill | www.camera-obscura.co.uk*

3 **EDINBURGH CASTLE** ⭐ ☀ [111 E–F 2–3]

Eine Burg zum Aufschauen, in der Tat der Höhepunkt der Stadt. Nicht wegen der brachialen Gestalt der Festung, die ist wenig aufregend, sondern wegen der Exponiertheit auf einem der drei vulkanischen Innenstadthügel. Castle Hill fällt nach drei Seiten steil ab, nach Osten hingegen balanciert seine sanfte Flanke die Altstadt langsam zu Tal. Wie entrückt muss dieses Gelände ausgesehen haben, als König Edwin aus dem nordostenglischen Northumbria hier im 7. Jh. eine einsame Befestigung errichten ließ, eine Burg am Hang, wie man Edinburgh aus dem Keltischen übersetzt – vielleicht war aber auch

Besser und wirkungsvoller kann man eine Burg nicht platzieren: Edinburgh Castle

Edwin's Burg damit gemeint. In der Folgezeit wurden hier Könige gezeugt und geboren, Gefangene eingesperrt, Gäste gemeuchelt.

Die beiden Freiheitskämpfer William Wallace (1270–1305) und König Robert the Bruce (1274–1329) stehen am Eingang Spalier, dem *Gatehouse* von 1887. Im Sommer kann man die beiden kaum eines Blicks würdigen, weil so viele Besucher von hinten nachdrängen. Kurz nachdem das Nadelöhr *Portcullis Gate* passiert ist, stehen Sie vor den beiden unterschiedlichen Hauptsehenswürdigkeiten des Burginneren: ein 500-mm-Geschütz und eine winzige Kapelle. Die enorme *Kanone Mons Meg* – wahrscheinlich 1457 im belgischen Mons für den Waffenarr James IV. gefertigt – wiegt 6 t und konnte 150 kg schwere Steinkugeln mit 50 cm Durchmesser verschießen. 1681 wurde sie zum letzten Mal abgefeuert. Heute gibt täglich – außer am Sonntag – um 13 Uhr ein moderneres 105-mm-Geschütz einen Schuss ab, den etliche Dienstleister unten in der Stadt als *lunchtime bang* bezeichnen. Burgbesucher sollten sich rechtzeitig die Ohren zuhalten. Seeleuten im Hafen vor der Stadt diente der Schuss im 19. Jh. als Chronometervergleich.

Neben der riesigen Kanone steht die Kapelle *St Margaret's* aus dem 12. Jh. Womöglich wurde sie von König David I. errichtet, auf den wiederum Robert the Bruce sich in seinem Thronanspruch berief. Die hübsche, schlichte Kapelle mit dem leicht asymmetrischen Grundriss berührt heute noch, auch wenn ihrem Inneren leider ein alles übertünchender weißer Anstrich verpasst wurde.

Die schottischen Kronjuwelen aus dem frühen 16. Jh. – Krone, gefertigt von James Mossman *(s. John Knox House)*, Zepter und Schwert – waren nach dem Eingehen der Union mit England 1707 im ehemaligen Burgpalast eingelagert worden und werden heute unter dem Titel *Honours of Scotland* im Kronsaal gezeigt. Hinzu gekommen ist 1996 ein älteres und für die Schotten wichtigeres Relikt,

Ritterliche Heizung im Edinburgh Castle

der *Stone of Scone*. Frühe schottisch-piktische Könige wurden am Stein gekrönt, bis die Engländer ihn 1296 entführten und in den englischen Thron einfügten. Der britische Premier John Major gab ihn 700 Jahre später zurück, kurz bevor Schottland für mehr Selbstbestimmung votierte.

Der Rest der Burg besteht aus einigen Kasernengebäuden, wirklich begeisternd ist aber der fantastische Blick hinunter auf Stadt und Umland. *Tgl. April–Sept. 9.30–18, Okt.–März 9.30–17 Uhr | Eintritt £ 13 | Castlehill | www.edinburghcastle.gov.uk*

4 GREYFRIARS ►► [112 A3]

Nicht der ordentlichste Friedhof der Stadt, aber der atmosphärischste und für Fans von gruseligen und historischen Grabstätten der interessanteste. Kuriose Anziehung übt er auf Touristen aus, weil sich hier das Grab und ein Monumentchen für einen Skye Terrier finden, der nach dem Begräbnis seines Herrn im Jahr 1858 noch 14 Jahre lang auf dem Grab wachte, bevor er selbst starb. Aber der Friedhof hat mehr zu bieten als den berühmten Greyfriars Bobby. 1620 wurde hier die erste Kirche nach der Reformation gebaut, 1638 unterzeichneten an dem geschichtsträchtigen Ort die *covenanters* genannten radikalen Presbyterianer den *National Covenant* (www.covenanter.org). Das Dokument war der reformatorische Gegenentwurf für eine radikale religiöse, auch gesellschaftlich-demokratische Antwort auf die königliche Episkopalkirche. Damit sollte die Unabhängigkeit der presbyterianischen Kirche etabliert werden. Stöbern Sie aufmerksam zwischen den düsteren monumentalen Grabsteinen, stoßen Sie auch auf den Gedenkstein für die im Glaubensstreit verfolgten und hingerichteten *covenanter*. Der *Greyfriars Kirk* sieht man heute die Verwüstungen durch Feuer und eine verheerende Schießpulverexplosion nicht mehr an. Regelmäßig finden

Insider Tipp drinnen Klassikkonzerte statt.

Greyfriars ist auch ein fester Bestandteil von verschiedenen Gruseltouren, denn die beiden Iren William Burke und William Hare wurden durch den Friedhof zu einer Karriere als eiskalte *body snatchers* inspiriert. 1827 begannen sie ihr Geld damit zu verdienen, dass sie frische Leichen ausgruben, um sie dem damals berühmten Anatomischen Institut für 10–12 Pfund pro unbeschädigtem Leib zu verkaufen. Die meisten ihrer Lieferungen für die Vorlesungen von Professor Knox stammten jedoch aus mindestens 16 Morden, für die Burke 1829 am Lawnmarket vor 25 000 Zuschauern gehängt wurde. Hare entging als Kronzeuge der Hinrichtung. *Ecke Candlemaker Row u. Chambers Street* | www.greyfriarskirk.com

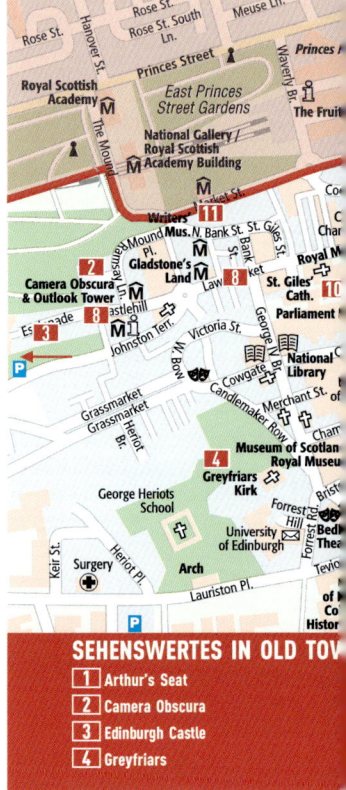

SEHENSWERTES IN OLD TOW
1 Arthur's Seat
2 Camera Obscura
3 Edinburgh Castle
4 Greyfriars

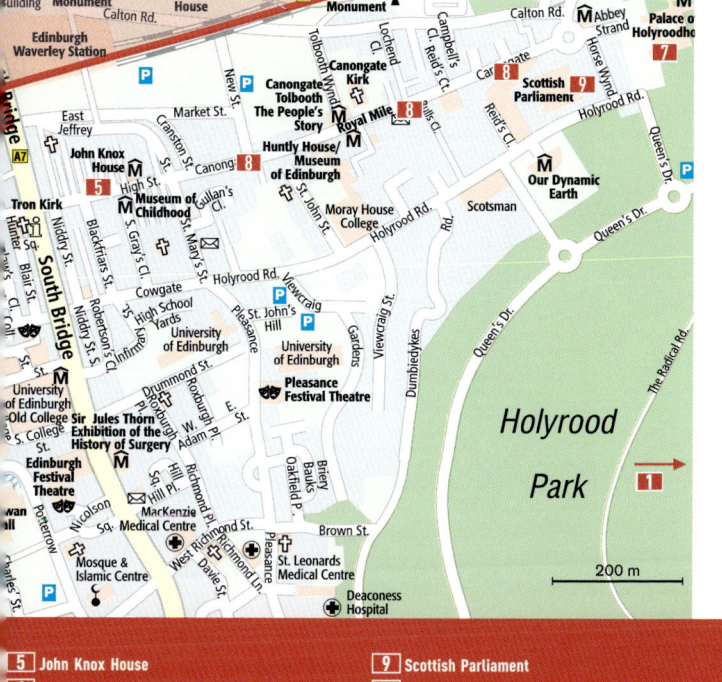

5	John Knox House	9	Scottish Parliament
6	The National Museum of Scotland	10	St Giles Cathedral
7	Palace of Holyroodhouse	11	Writers' Museum
8	Royal Mile		

5 JOHN KNOX HOUSE [112 B2]

Die 500 Jahre alte Villa ist sicher das optisch ansprechendste Gebäude an der Royal Mile. John Knox, der Gründer des schottischen Presbyterianismus, könnte in dem Haus gewohnt haben, was das Gebäude 1830 vor dem Abriss bewahrte. Gesichert ist, dass hier der reiche Goldschmied James Mossmann residierte, der sein Heim mit einem Eingang im ersten Stock, Stolperstufen und falschen Schlössern schützte. Sein Zeitgenosse Knox ließ sich in Genf vom Kirchenreformator Johannes Calvin inspirieren und machte sich dann an die Erneuerung der Kirche Schottlands.

Über eine Wendeltreppe betreten Sie Räume, in der die verblasste originale Deckenbemalung und einige Möbel aus der Zeit von Knox und Mossmann authentische Stimmung verbreiten. Während Sie dem Treiben auf der Royal Mile zusehen, sind im Raum plötzlich Streitgespräche zwischen Mossmann und Knox oder

Im wahren Leben gar nicht fragil: der Reformator John Knox als Glasbildnis

Mary Queen of Scots und Knox zu hören. Die katholische, in Frankreich erzogene Königin Schottlands und der strenge und streitlustige Glaubenslehrer gerieten oft aneinander, vor allem wegen Marys lustvollem Lebenswandel. Allerdings waren Frauen dem demokratischen Kirchenreformer und Vater mehrerer Töchter generell suspekt, wie seine ausliegende Schrift „Das monströse Regiment der Weiber" belegt.

John Knox galt seinerzeit als magisch-überzeugender Redner. Das an das John Knox House angeschlossene *Scottish Storytelling Centre* führt die Kunst der Rhetorik und die unter Schotten verbreitete Lust am Erzählen weiter. „Scotland's Stories" heißt eine interaktive Dauerausstellung in den hellen Räumlichkeiten mit nettem Café, ein schöner Kontrast zum labyrinthischen Teil des Knox'schen Hauses. Abends finden Geschichtenerzähl-Events *(Juli, Aug. Mi 19 Uhr, sonst monatlich | Eintritt £ 4)* statt, in denen vorgelesen oder frei erzählt wird. Wer gute Englischkenntnisse hat, kann sich hier ins literarische Edinburgh und Schottland entführen lassen. Im Programm sind auch von Erzählern geführte Stadtwanderungen *(ab £ 5)*. *Mo–Sa 10–18, Juli, Aug. auch So 12–18 Uhr | Eintritt £ 3,50, Centre frei | 43 High Street, Royal Mile | www.scottishstoryellingcentre. co.uk*

6 THE NATIONAL MUSEUM OF SCOTLAND [112 B3]

Two in one – das über 120 Jahre alte viktorianische Royal Museum und das ein gutes Jahrzehnt alte National Museum verschmelzen miteinander. Der Anblick der konvex geformten, strahlenden Sandsteinfassade des Neubaus gegenüber dem spukhaftmoosigen Greyfriars-Friedhof bietet einen faszinierenden optischen Kontrast im Stadtbild.

Drinnen präsentiert sich Schottland in allen Facetten: das Beil der Edinburgher Guillotine, Erhellendes zum Genschaf Dolly, das im 10 km entfernten Roslin geklont wurde, ausgestopfte Tiere und Skelette, minimalistische Modekreationen der 1995 verstorbenen Jean Muir – sie hatte schottische Eltern – und angebliche Reliquien von St Columba, dem irisch-keltischen Mönch, der im 6. Jh. den schottischen Pikten das Christentum brachte. Dazu vieles mehr aus der Welt der Technik. Ein Museumszwitter zum endlosen Stöbern. Danach können Sie sich im ☀ *Turmrestaurant des Neubaus (tgl. 12–23 Uhr | Tel. 225 30 03 | www.towerres taurant.com | €€)* stärken – etwa mit Räucheraal-Tempura – und über Innenstadt und Castle blicken. *Tgl.*

10–17 Uhr | Chambers Street u. Ecke Candlemaker Row | www.nms.ac.uk

7 PALACE OF HOLYROODHOUSE [109 E5–6]

Königlich wird die Royal Mile erst an ihrem unteren Ende. Da es (derzeit) keinen schottischen König gibt, muss wohl oder übel die englische Monarchin einmal im Jahr den Palast auslüften. Sonst würde das mehr wie eine stattliche Villa wirkende Holyroodhouse vielleicht wieder in dem Zustand landen, den der junge Komponist Felix Mendelssohn-Bartholdy 1829 vorfand: verfallen, ohne Dach, mit Efeu berankt. Der Musiker beschrieb, dass er hier den etwas düsteren Oboenbeginn für seine romantische „Schottische Sinfonie" ersann.

Vielleicht ist es eine gute Idee, das Werk auf dem MP3-Player abzuspielen, statt der Stimme des Audioguides zu lauschen, wenn Sie durch das knappe Dutzend begehbarer Räume streifen. Einige Schlafräume und Esszimmer stehen der Öffentlichkeit offen, vorausgesetzt, die Queen ist nicht da. Wie beim Castle ist auch hier die

> HEART OF MIDLOTHIAN
Der Spuckspuk mitten in Edinburgh

Nahe dem Westtor der St Giles Cathedral und nicht weit vom ehemaligen Parlament – heute ein Gericht – fällt ein großes Mosaikherz im Asphalt kaum auf. Und dennoch kennt's jeder Edinburgher, und manche spucken noch heute darauf wie es sie seit dem 15. Jh. Brauch ist: Damals stand hier ein Gefängnis und abgeschlagene Köpfe wurden aufgespießt. Die Edinburgher spuckten aus

Protest vor das Gefängnistor. Walter Scott erwähnte den grausigen Knast in seinem Roman „The Heart of Midlothian" (1818) und hat somit seinen Anteil an dem Spuckspuk. Einer der Fußballclubs Edinburghs trägt den Romantitel als Vereinsnamen und so spucken heute auch die Fans vom Lokalrivalen Hibernians auf das Herz. *High Street, Royal Mile*

Geschichte des Hauses das Spannendste. Als König David I. während einer Jagd von einem Hirsch aufgespießt zu werden drohte, erschien ihm im Geweih ein heiliges Kreuz und men in Stuart französisiert hatte, kam in ein kalvinistisch-sprödes Edinburgh zurück und heiratete ihren Vetter Lord Darnley. Dem kam der nach Literatur und Gesang stehende

Blauer Himmel über der Royal Mile – königliches Wetter für Straßencafés

wendete das Schicksal ab. Also ließ der König die Augustiner ein Kloster zum Heiligen Kreuz *(Holy Rood)* bauen, dessen Ruinen noch heute neben dem Palast zum Spaziergang einladen.

Für Anhänger historischer Verschwörungstheorien ist der Palastbesuch geradezu ein Muss, denn hier wurde quasi vor den Augen der schwangeren Königin Mary Stuart deren gebildeter italienischer Sekretär David Rizzio ermordet. Die katholische Mary Stewart, die ihre Jugend in Frankreich verbracht und ihren Na-

Sinn der Gattin nicht gerade schottisch vor, der presbyterianischen Adelsclique auch nicht. Rizzio, der Schöngeistling, musste also sterben. Dass Darnley wenig später auch gemeuchelt wurde, gehört nicht mehr zur Palastgeschichte.

Die interessante Mischung aus schottischem Türmchenstil und französischer Schlossanmutung wirkt besonders in den Abendstunden wunderbar einladend, weil dann die späte Sonne auf die Front fällt. Nebenan zeigen die Ausstellungsräume der *Queen's Gallery* wechselnde Ausstel-

> *www.marcopolo.de/edinburgh*

lungen aus der königlichen Kollektion von Windsor Castle. *April–Okt. tgl. 9.30–18, Nov.–März tgl. 9.30–16.30 Uhr | Eintritt £ 10, mit Queen's Gallery £ 14 | Canongate, Royal Mile | www.royalcollection.org.uk*

8 ROYAL MILE ⭐ **[112–113 A–D 2–1]**

Auf der Royal Mile und den von ihr abzweigenden Gassen – *closes* oder *wynds* genannt – sollen im 18. Jh. etwa 60 000 Menschen gelebt haben, mehr als anderswo in Europa pro Quadratmeter. Die damals bis zu 15 Stockwerke aufragenden Wohnhäuser hießen *lands* und beherbergten unten und oben die einfachen Leute, dazwischen die besser gestellten Kaufleute und Handwerker. Ausgetretene Stufenabgänge links und rechts der Mile könnten in einen netten Innenhof führen – es lohnt sich, ihnen hin und wieder zu folgen. Oder Sie stolpern unversehens über die Schwelle eines versteckten Pubs und kommen am Tresen beim obergärigen, kaum gekühlten Bier *ale* schnell ins Gespräch mit Edinburghern. Vorsicht, hier gehen auch geführte Geister- und Moritatentouren um. Der allerletzte Grusel fehlt Gott sei Dank: Heute muss niemand mehr beim 10-Uhr-Glockenschlag von St Giles – gefolgt vom Warnruf *„gardy luh"* (vom frz. „gardez l'eau") – Deckung suchen, um dem in die Gassen entleerten Inhalt von Unrateimern zu entgehen.

Die Royal Mile teilt sich in die Abschnitte *Lawnmarket, High Street* und *Canongate.* Lawnmarket wird vom Denkmal des bedeutenden Edinburgher Philosophen und Ökonomen David Hume (1711–76), eines Freunds des Edinburgher Wirtschaftstheoretikers Adam Smith, in sitzender, klassischer Pose geschmückt.

Canongate lag lange vor der Stadt, getrennt durch die Stadtmauer *Flodden Wall,* deren Andeutung Sie heute noch im Straßenasphalt zwischen Greyfriars und dem Nationalmuseum *(Ecke Chambers Street u. Forrest Road)* finden. Die Figur des sehr jung gestorbenen, begabten Dichters Robert Fergusson (1750–74) steht vor der kleinen *Canongate Kirk* im Abschnitt Canongate (frequentiert von Queen und Familie, wenn sie im

Palast wohnen). Als die lebensgroße, schwungvoll schreitende Dichterplastik vom Bildhauer Robert Anand 2004 vor Tausenden von Leuten unweit des Parlaments enthüllt wurde, entsprang ein als Burns verkleideter Schauspieler der Menge und deklamierte Fergussons Verse. Es kann Ihnen durchaus passieren, dass Sie jemand beim Betrachten der Statue in ein Gespräch über Poesie verwickelt und Sie mit Versen überrascht. Fergussons Spuren entdecken Sie auch auf dem *Canongate-Friedhof,* auf dem er begraben liegt, zusammen mit Adam Smith und Mary Stuarts ermordetem Sekretär David Rizzio. Sein Zeitgenosse Robert Burns war von dem jungen Genie Fergusson inspiriert und stiftete den Grabstein.

9 **SCOTTISH PARLIAMENT** ⭐ [113 D1]
Aufregender Kontrast der Baustile am unteren Ende der Royal Mile. Wie man ein modernes Gebäude in die räumliche Enge eines zum Teil jahrhundertealten Häusermeers einpasst, hat der katalanische Architekt Enric Miralles in Edinburgh gezeigt. Poetische Architektur, die sich ganz an der Geografie der Altstadt und der Geologie Schottlands orientiert, schwärmen die meisten, viel zu teuer schimpfen andere. International wird Miralles ein großer Wurf bescheinigt. Doch als das teure Parlament 2004 endlich fertig wurde, war der Architekt bereits vier Jahre zuvor nur 45-jährig gestorben. Damit kann er auch eins der zahlreichen Elemente am Bau nicht mehr erklären, nämlich das schuppenartige Design der rückwärtigen Fenster.

An einer Stelle geht das erstaunlich geräumige Gebäude nahtlos in ein Haus von 1685 über *(Queensberry House),* womit auch ein dort umgehendes Gespenst den Parlamentssitzungen von Dienstag bis Donnerstag beiwohnen kann. Der gute Geist des Parlaments soll jedoch, inspiriert von der lichten Konstruktion, eindeutig die Transparenz sein: Die Sitzordnung in der Debattierkammer unterstützt Konversation im Gegensatz zur Konfrontationsanlage des Londoner Parlaments. Die Sitzungen der insgesamt 129 Parlamentarier können Sie mittwochs und donnerstags besuchen, die begehrten kostenfreien Tickets für die Public Gallery können von jedermann vorbestellt werden *(Tel. 348 52 00 oder 0800/092 71 00).* An sitzungsfreien Tagen enpfielht sich eine *geführte 45-Minuten-Tour (£ 5)*. Wer ohne Führung auskommt, kann sich stattdessen in einer Ausstellung informieren und ins Café gehen. *April–Okt. Mo, Fr 10–18, Di–Do 10–17, Sa, So 10–16 Uhr, Nov.–März Fr–Mo 10–16, Di–Do 9–19 Uhr | Eintritt frei | Canongate | www.scottish.parliament.uk*

10 **ST GILES CATHEDRAL** [112 A2]
Einladend wirkt St Giles zunächst nicht. Gedrungen fügt sich das Bauwerk in die spätmittelalterliche Hochhäuser-Phalanx der Royal Mile ein. Wäre da nicht die anmutig verspielte Turmkrone – man könnte auch vorbeigehen. Dabei handelt es sich um die High Kirk of St Giles, die Mutterkirche des schottischen Presbyterianismus. Damit ist sie eigentlich keine Kathedrale, denn nur für zwei kurze Perioden im 17. Jh. war St Giles anglikanischer Bischofssitz. Die

Church of Scotland kennt nämlich statt hoher Ämterwürden nur eine demokratische Presbyterversammlung.

Doch das alles sind lediglich Facetten einer sehr bewegten Historie, welche die Kathedrale erlebt hat. Gottesdienste werden hier immerhin seit 854 abgehalten, allerdings sind die Pfeiler um den Altar von 1120 die ältesten baulichen Relikte. Gotisch geriet der Neubau nach der Zerstörung durch die Engländer. Das strenge gotische Maß wird dem kalvinistischen Reformator John Knox gefallen haben: eine veritable Bühne für die flammenden Predigten, die er als Pastor von 1560 bis 1572 hielt. Auch später hatte St Giles wenig Ruhe. Die Kirchengeschichte Edinburghs kennt viele Ideenkonflikte um rechten Glauben und angemessene Tempel. Die

Führung (auf Voranmeldung auch auf Deutsch) ist sehr empfehlenswert.

Ein Schmuckstück aus Holz- und Steinkunst ist die faszinierende **Kapelle des schottischen Ordens der Distel**, gebaut 1911. Die schottische Nationalblume im Ordensnamen – die zweithöchste britische Ehre nach dem Hosenbandorden – weist schon darauf hin, dass die 16 Ritter in der Mehrzahl Schotten sein müssen. Die Königin als Vorsteherin und die beiden Prinzen als natürliche Mitglieder komplettieren die Zahl auf 19. Im November werden bei Bedarf die Reihen der Ritter durch königliche Ernennung aufgefüllt. Jeder Ritter hat einen Sitz im Eichengestühl, geschmückt mit seinem Wappen, das nichtadelige Mitglieder vor ihrer Ernennung erst noch entwerfen müssen. David Steel, der erste schottische

Insider Tipp

Die Mauern der St Giles Cathedral sahen vor über 1100 Jahren ihren ersten Gottesdienst

Parlamentspräsident, hat einen Jaguar auf seinen metallenen Wappenschild gehoben, weil er, so wird kolportiert, die gleichnamige Automarke so schätzt. Der norwegische König Olaf und der australische Expremier Robert Menzies sind als Extraritter aufgenommen. Kurioseste Kleinodien des Kapellenschmucks sind zwei Dudelsack spielende Engel. *April– Sept. tgl. 9–19, Okt.–März tgl. 9–17 Uhr | Lawnmarket, Royal Mile*

11 **WRITERS' MUSEUM** ▶▶ [112 A2]
Das Gebäude von 1622 ist das einzige ursprüngliche Haus in der Gasse, die vom Lawnmarket-Teil der Royal Mile abgeht. Heute ist es ein Museum, in dem Andenken und frühe Werkeditionen des Schriftstellertrios Burns, Scott und Stevenson ausgestellt sind, zum Beispiel eine Schnupftabakdose von Burns. Zum Schmökern lädt eine sehr <mark>gemütliche Leseecke</mark> ein. Auch zeitgenössische Autoren erhalten hier gelegentlich Ausstellungen. *Mo–Sa 10–17, Aug. auch So 12–17 Uhr | Eintritt frei | Lady Stair's Close | Lawnmarket, Royal Mile*

NEW TOWN

> **New Town ist Edinburghs bessere Hälfte. Statt mit einem wohligen Grusel durch die Altstadtschluchten zu streifen, schlendern Besucher hier durch ein vor 200 Jahren parallel dazu angelegtes, großzügiges Straßenrechteck mit einheit-**

> BLOGS & PODCASTS
Gute Tagebücher und Files im Internet

> *www.theedinburghblog.co.uk* – Sehr nützlicher Blog aus der Stadt, erstellt von Einheimischen. Infos zu Restaurants, Hotels, Konzerten, dazu Klatsch und Meinungen en masse.

> *www.cityofliterature.com* – Zehn tolle thematische Podcasts beschäftigen sich auf Englisch mit Stadtvierteln wie Canongate, Calton Hill oder dem Grassmarket, deren Historie, Architektur und heutiger Atmosphäre.

> *www.ewht.org.uk* – Auf der Seite zu Edinburgh als Weltkulturerbe klicken Sie auf *Postcards from Edinburgh* oder *Sense of Place* um kleine Filme und Podcasts herunterzuladen.

> *www.theskinny.co.uk/blogs* – Schottlands führendes Kulturmagazin mit Blogs rund um Kultur, Mode, Musik.

> *www.scotsman.com/underthe radarblog* – In Edinburghs Zeitungsportal bloggen Musikjournalisten, Bands und Konzertgänger über Neues aus der populären Musikszene der Hauptstadt und Schottlands.

> *www.threefromleith.com* – Lokale Musik-Website mit wöchentlich neuer Podcastsendung: für Fans von Independent Music.

> *www.scottishbooktrust.com/pod casts* – Literarische Podcasts auch über Edinburgh.

> *www.scotcast.net* – Auswahl an englischsprachigen Podcasts zu den Themen Kultur, Reise, Musik und Film.

Für den Inhalt der Blogs & Podcasts übernimmt die MARCO POLO Redaktion keine Verantwortung.

lichen Drei-Etagen-Fassaden. Ein sich im Takt wiederholendes Stilelement ist ein halbrundes Oberlicht über der Eingangstür. Dazu Ketten von Bürgerhausfassaden, Villen als Reihenhäuser, aus der Zeit, als die Könige aus dem Hannover-Geschlecht alle Georg hießen. Drei lange Hauptstraßen betonen die Ost-West-Achse. Die nach George III. benannte *George Street* thront als zentraler Rücken auf einem Hügelkamm und gleicht einer georgianischen Antwort auf die mittelalterliche Royal Mile. Internationale, vor allem aber gehobene Londoner Modeläden, Cafés und Nachtclubs liegen hinter großen Schiebefenstern oder in Souterrains.

Shopping und Schaufenstergucken ist hier ein entspannter Spaß. Der ==Sonntag ist der angenehmste Tag zum Bummeln und Einkaufen== in ganz New Town, weil auch Edinburgher Banker und Angestellte einen Gang runterschalten und sich in den Cafés gut betucht beim Kaffeeklatsch und Lesen der Sonntagszeitung „Scotland on Sunday" zeigen. Höhepunkt der neuen Eleganz in alten Villen ist der frisch geliftete *St Andrew Square* am Ostende mit dem Einkaufstempel Harvey Nichols. Weiter nach Osten verdeutlicht das Ende der 1960er-Jahre gebaute *St-James-Center*, wie ein Shopping-Büro-Zentrum aussieht, wenn man den guten georgianischen Geschmack von 1800 vergisst. Hier soll aber demnächst geliftet werden.

Princes Street und *Queen Street* begrenzen parallel zu Füßen der George Street den Kern der Neustadt. Spiegelbildlich dazwischen liegen die beiden schmaleren Straßen *Thistle* und *Rose Street* mit vielen preiswerteren Läden und Pubs, benannt jeweils nach der schottischen und englischen Nationalblume. Von den regelmäßig die George Street kreuzenden Nord-Süd-Achsen blicken Sie einer-

Wo Edinburgh sich elegant gibt: New Town

seits in Richtung Altstadt und andererseits zum Meeresarm Firth of Forth. Nördlich der Queen Street erstreckt sich die New Town bis hin zum *Fettes College,* dem Eton Edinburghs. Die im Rund angelegten georgianischen Wohnstraßen *Royal Circus, Moray Place* und *Ainslie Place* sind die Kronen der Schöpfung New Town.

1 CALTON HILL ⭐ 🔆 [108 C4–5]
Kurz vor Sonnenuntergang schleppen Fotografen ihre Stative auf den Hü-

gel, Paare haben Wein und Käse oder gar Champagner im Rucksack. Hier ist der beste Platz in der Stadt, um die blaue Stunde zu genießen, wenn sich sterbendes Tageslicht und die Beleuchtung der City vermischen. Balmoral Hotel und Castle sind illuminierte Fixpunkte, der Autoverkehr auf der Princes Street zieht eine Lichtspur nach Westen. Die Altstadtsilhouette vor dem Arthur's Seat liegt links, nach rechts schwenkt der Blick hinüber zum Hafen und dem Firth of Forth.

Eine Aussicht zum Genießen, aber auch ein skurriles architektonisches Stelldichein. Denn unterschiedlichste Monumente teilen sich den Platz auf dem parkähnlichen Hügel, ein wenig so, als seien sie dort aus Platzmangel zwischengelagert. Zwölf dorische Säulen des Edinburgher Baumeisters der Neoklassik, William Henry Playfair, wurden 1822 als *National Monument* errichtet. Als pompöses Kriegerdenkmal war's geplant, wie das Zitat eines griechischen Tempels – das Geld soll damals ausgegangen sein – wirkt's heute anziehend auf jede klassisch-romantische Seele, die es von der Princes Street aus am östlichen Horizont erblickt. Daneben erhebt sich wie ein aufgestelltes Teleskop der 30 m hohe Turm des ✵ *Nelson Monument (April–Sept. Mo 13–18, Di–Sa 10–18, Okt.–März Mo–Sa 10–15 Uhr | Eintritt £ 3,50)* aus derselben Zeit. 143 Stufen führen bis zur tollsten Aussicht der Stadt – wenn kein Wind bläst. 1200 m Luftlinie sind es bis zum Castle, und so lang war auch das Stahlseil, das man 1861 von der riesigen Uhr auf dem Turm zur Burg spannte. Damit sollte

SEHENSWERTES IN NEW TO

1	Calton Hill
2	Charlotte Square
3	Georgian House

dort der 13-Uhr-Kanonenschuss pünktlich initiiert werden – das Zeitzeichen für die Segler im Hafen von Leith, die bei Nebel die Teleskopturmuhr nicht sehen konnten. Das monumentale Duo wird von Playfairs gedrungenem *City Observatory* sowie seinem ebenfalls griechisch inspirierten Gedächtnistempelchen für den Edinburgher Moralphilosophen Dugald Stewart (1753–1828) und einem Denkmal für den einheimischen Mathematiker John Playfair (1748 bis 1819) komplettiert. Weiter unten am

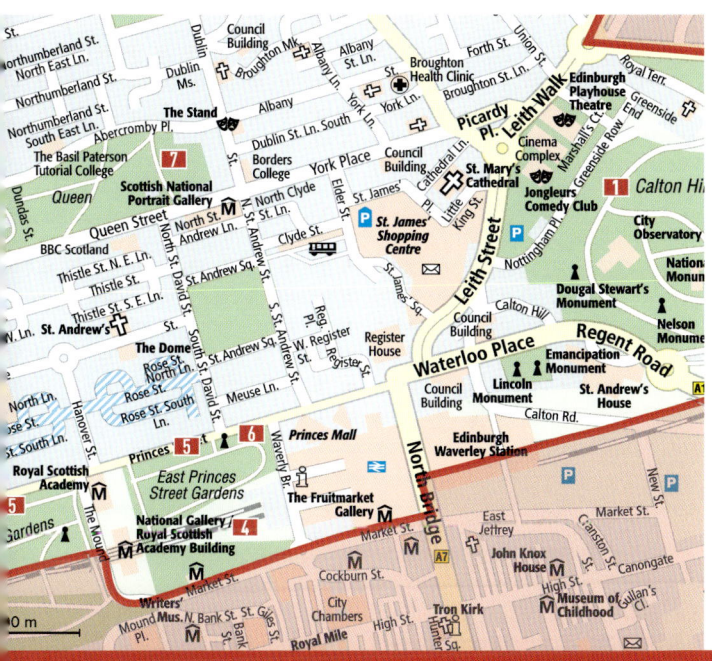

4 National Gallery & Royal Academy

5 Princes Street Gardens

6 Scott Monument

7 Scottish National Portrait Gallery

Hügel sollten Sie über den *Calton-Friedhof* schlendern sowie über die von Playfair östlich entlang der Hügelkontur angelegten Bürgerhäuser-Terraces. | *www.cac.org.uk*

2 **CHARLOTTE SQUARE** ★ [111 D1]

Das von vornehmen Fassaden umstellte, großzügige Platz-Rechteck am Westende der New Town ist Edinburghs erste Adresse – politisch gesehen. In *Haus Nummer 6,* wo vor 1999 der *Secretary of State for Scotland* residierte, wohnt heute der schottische Regierungschef, seit 2007 Alex Salmond von der Scottish National Party – ein Hauch der Premierministerwohnung 10 Downing Street in London. Zumindest bekommt man beim Vorbeischlendern einen Eindruck von politischer und lobbyistischer Geschäftigkeit in Edinburgh. Die Bleibe des *First Minister* unterscheidet sich aber nicht von den anderen Häusern, etwa dem musealen *Georgian House (Nummer 7).*

Außer dem Letzteren können Besucher noch das *Haus Nummer 28* an der gegenüberliegenden Platzseite besuchen, wo der schottische Natur- und Denkmalschutzverein *National Trust for Scotland (NTS)* sein Hauptquartier hat. Drinnen mischen sich beim geschäftigen Kaffeehaustreiben Touristen und die politisch-kulturelle Elite auf georgianischem Parkettboden. Im Sommer empfiehlt sich auch ein Lunchbesuch im eleganten Innenhof . Im Obergeschoss lohnt der Besuch einer Ausstellung der Erbstücke des NTS von schottischer Malerei und Möbelschätzen aus dem 18./19. Jh. Nummer 28 sei vor allem all jenen empfohlen, die sich für den georgianischen Stil interessieren und im Winter vor der verschlossenen Tür des Georgian House stehen. *Galerie Mo–Fr 11–15, Shop, Caférestaurant Mo–Sa 9.30–17.30 Uhr | 28 Charlotte Square | www.nts.org.uk*

Berühmte Edinburgher mit der Adresse Charlotte Square waren der Erfinder des Telefons, Alexander Graham Bell, der Begründer der Krankenhaushygiene, Joseph Lister, sowie Douglas Haig, als britischer Feldmarschall Oberbefehlshaber der Westfront im Ersten Weltkrieg.

3 GEORGIAN HOUSE [111 D1]

Hier kann man wunderbar in die gute Stube des georgianischen Großbürgers Edinburgh'scher Prägung hineinschnuppern. Von außen ist Hausnummer 7 ein typisches Reihenhaus am Nordende des Charlotte Square, mit (neo)klassizistischer Symmetrie nach Baumeister Robert Adams Manier in der Fassadengliederung. Drinnen wird das Ebenmaß im Grundriss fortgesetzt, kontrastiert von faszinierendem und heimeligem Interieur. Geor-

gianischer Geschmack duldete keinen Teppich auf dem Parkett, im Kontrast zur späteren schwülstigeren viktorianischen Periode. Küche und Esszimmer sind echte Hingucker, und man möchte sich gleich zu Tisch begeben. Das werden die entzückenden Führerinnen des National Trust zu verhindern wissen, während sie einen aber sehr gern in die intimsten Geheimnisse der feinen Gesellschaft des frühen 19. Jhs. einweihen. Jede Frage ist erlaubt und wird akribisch und humorvoll beantwortet. *Tgl. März, Nov. 11–15, April–Juni, Sept., Okt. 10–17, Juli, Aug. 10–19 Uhr | Eintritt £ 5,50 | 7 Charlotte Square | www.nts.org.uk*

4 NAT. GALLERY OF SCOTLAND & ROYAL SCOTTISH ACADEMY [112 A2]

Die beiden vom Architekten William Playfair bis 1859 gebauten Kunst-

tempel sind die neoklassizistischen Hingucker Edinburghs schlechthin. Der Wald aus dorischen Säulen am Fuß der Straße *The Mound* lässt Sie vielleicht an den von Theodor Fontane ausgesprochenen Vergleich von Edinburgh als dem „Athen des Nordens" denken. Allerdings kann er die für das Revival der klassischen Architektur zeittypischen Bauwerke nur im Bau gekannt haben, weil seine Reisen nach Edinburgh kurz vor deren Fertigstellung stattfanden. Sie geben seinen Worten quasi nachträglich noch Gewicht.

Die Kunstschätze der *National Gallery of Scotland* decken den Bereich Mittelalter bis zum Impressionismus ab. Holbein, Tizian, Rembrandt sowie Gainsborough, Cézanne und van Gogh gehören zur Sammlung – die Wände der Salons sind ziemlich vollgehängt. Im Januar werden immer die fragilen Werke William Turners ausgestellt, weil das schwache winterliche Tageslicht ihnen dann am wenigsten schaden kann. Die *Royal Scottish Academy* wird für Sonderausstellungen genutzt.

Insider Tipp

Ein gewisser Kult umgibt das um 1795 gemalte kleine Porträt „Reverend Robert Walker Skating on Duddingston Loch" vom High-Society-Porträtisten Henry Raeburn. Es zeigt Walker, Pfarrer der Canongate-Kirche und Mitglied der ehrenwerten Edinburgh Skating Society, beim Eislaufen: auf einem Bein, in komischsteifer Pose sowie mit bedrohlichschwarzem Gehrock und zylinderartigem Hut. Das wirkt heute wie eine gesellschaftliche Karikatur und macht sich jedenfalls als Magnetbildchen am Kühlschrank nicht schlecht – also

Kunst, so weit das Auge reicht: Bilderflut in der National Gallery of Scotland

Stadt mit Perspektive: Über den Princes Street Gardens thront das Edinburgh Castle

Shop besuchen! *Fr–Mi 10–17, Do 10–19 Uhr | Eintritt frei | The Mound | www.nationalgalleries.org | www.royalscottishacademy.org*

5 PRINCES STREET GARDENS ★ [111–112 E–A 2–1]

Grüne Lunge der Stadt, Veranstaltungspark und Sonnenbank: Anlässlich des Baus der New Town wurde ein lang gestreckter See, in dem vermeintliche Hexen und Abfall gelandet waren, trockengelegt. Die entstandene Parklandschaft zieht sich südlich entlang der gesamten Länge der Princes Street, die man parkseitig nicht bebaute, um den Blick hinauf zur Altstadt-Skyline nicht zu verstellen. Die *East Gardens* werden vom Scott Monument dominiert und gehen in die *Waverley Station* – den Hauptbahnhof, benannt nach einem Romanzyklus von Walter Scott – und die *Fruitmarket-Hallen* über. Alle 15 Minuten geht von Waverley ein Zug nach Glasgow, die schnuckelige Wartehalle ist einen Blick wert. Hinterm Scott'schen Denkmal sind im Dezember der für britische Verhältnisse qualitativ gut bestückte Weihnachtsmarkt und eine große Eislauffläche aufgebaut. An der Bahnhofssüdseite versteckt sich das Gruselkabinett *Dungeons (Nov.–Feb. Mo–Fr 11–16, Sa, So 10.30–16.30, März–Juni und Sept., Okt. tgl. 10–17, Juli, Aug. tgl. 10–19 Uhr | Eintritt £ 15 | 32 Market Street | www.thedungeons.com)*, eine Höhle voller martialischer Schreckgestalten, etwas für Leute mit niedrigem Ruhepuls und Sinn für etwas triviale Action.

Die steil ansteigende Straße The Mound teilt den Park und führt zur Altstadt hinauf, wobei die Tempelarchitektur der *Royal Scottish Academy* und der *National Gallery of Scotland* Ihren Schritt womöglich fast ein wenig feierlich werden lässt. Am Fuß eines Treppenaufgangs finden Sie ein ==Relief der hügeligen Stadt==, geeignet für das plastische Erfassen Edinburghs. In den *West Gardens* können Sie herrlich spazieren gehen und zur Burg hochsteigen oder einfach die Aussicht beim Mittagspicknick ge-

nießen. Hier treffen Sie die meisten Edinburgher. Im Sommer verbreitet ein *Open-Air-Café* Kaffeeduft, ein Springbrunnen sprudelt, Blumenarrangements bilden Farbtupfer, und Schotten versuchen ihrem hellen Teint etwas Farbe zu verpassen. Die Edinburgher lieben ihren Volkspark am Hang und lassen es dort das ganze Jahr über krachen. Die lautesten Musik- und Festivalevents der Stadt haben hier ihre Bühne, abends ist's atmosphärisch festlich mit dem Blick hoch zur angestrahlten Burg.

Am Westende wird's wieder weniger profan und zugleich pittoreskschauerlich, weil sich hier der *St-Cuthbert-Friedhof* gleich an zwei Kirchen anschließt: Die *St Cuthbert's Kirk (5 Lothian Road | www.st-cuthberts.net)* ist eine rundlich-stattliche Basilika inmitten von Baumgrün, mit einem Interieur in warmen Tönen. *St John's (3 Lothian Road | www.stjohns-edinburgh.org.uk)* ist von überwältigender viktorianischer Wucht, im spätgotischen Perpendicular-Stil errichtet und mit den feinsten Kirchenfenstern der Stadt versehen. Die Grabsteine des Friedhofs bieten besonders im Winter einen tollen Vordergrund für Fotos vom Castle, weil das Laub noch nicht die Sicht hinauf verdeckt. *Princes Street*

6 SCOTT MONUMENT ☀ **[112 A1]**

Das Monument aller Monumente für einen Schriftsteller steht an der Princes Street, knapp in den daneben liegenden Gärten. 287 Stufen führen hinauf, auf mehreren Ebenen können Sie verschnaufen und auf die Stadt herunterblicken. Im Sommer sind die Schlangen vor dem Einlass lang, und

> **ENTSPANNEN & GENIESSEN**
Auch die Schotten stehen auf Wellness

Wellness zu genießen ist ein neuer Aspekt für die Hauptstädter, aber es gibt einige exquisite Wohlfühl-Inseln in der Stadt. Die beste ist auf dem Dach des 5-Sterne-Hauses *Sheraton Grand (Spa tgl. ab 8 Uhr, Schwimmen ab 6.30 Uhr | 3 Stunden £ 65 | 1 Festival Square, Lothian Road | www.onespa.com)*. Weltklasseangebot mit Hamam, Aroma-grotten, Massagen, ergonomischen Betten, Fitnessgeräten, nach Regenwald duftenden Duschen, Salinen-Outdoorpool mit Blick auf die Stadt. Auch im *Boutiquehotel Scotsman* und im Grandhotel *Balmoral (beide S. 76)* dürfen Sie in die neuen Spa-Bereiche und können nachher an der Bar oder in der Brasserie von der Erfahrung schwärmen.

die Enge des Treppenaufgangs sorgt dafür, dass manche Leute nach einer Stunde immer noch nicht wieder unten sind. Im Winter kann es passieren, dass man, einmal auf einen

Heute steht das 61 m hohe Bauwerk da wie die Spitze eines Kirchturms ohne Unterbau. 1998/99 öffnete man eigens für die Renovierung einen Steinbruch, dennoch hat der

Hinaufsteigen oder doch lieber ausruhen? Sommerliche Fragen vor dem Scott Monument

Balkon getreten, die geschickt eingelassene Wendeltreppe sucht, wenn nicht gerade jemand darauf auftaucht.

Als Walter Scott 1832 starb, entschied man sich sofort für ein dramatisches Denkmal. Der Zeitgeist war neogotisch, die Design-Ära war gerade im Übergang vom nüchternen Georgianischen ins überkandidelte Viktorianische. Also bekam Scott einen gotisch-verschnörkelten Turm aus Sandstein, in den man 64 Figuren aus Scott'schen Romanen und 16 Büstenporträts von schottischen Dichtern einstellte.

anfällige Sandstein farblich gelitten, auch wegen der Nähe zum Straßenverkehr. Geplant war die Aufstellung ursprünglich am Charlotte Square. *April–Sept. Mo–Sa 9–18, So 10–18, Okt.–März Mo–Sa 9–15, So 10–15 Uhr | Eintritt £ 3 | East Princes Street Gardens*

7 SCOTTISH NATIONAL PORTRAIT GALLERY [0]

Wer das fabelhafte Porträtmuseum in London kennt und schätzt, wird erfreut sein, dass es auch in Edinburgh eins gibt – leider ist dieses seit April

2009 wegen Umbaus noch bis Ende 2011 geschlossen. Dann wird man hier wieder das Who's who der schottischen Gesellschaft finden, festgehalten in jeder erdenklichen Art von Porträt: eine Ausstellung schottischer Helden, in der Sie auch Bekannte wie Sean Connery, Autor Irvine Welsh oder Fußballtrainer Alex Ferguson entdecken werden. Bonnie Prince Charlie wird natürlich auch da sein, genau wie Mary Stuart. Die historischen Persönlichkeiten werden Sie nach der Wiedereröffnung in den oberen Stockwerken finden, die zeitgenössischen im Erdgeschoss. Der Fokus soll außerdem verstärkt auf der Fotografie liegen ebenso wie auf schottischer Kunst. *1 Queen Street | www.nationalgalleries.org*

AUSSERDEM SEHENSWERT

> **In Dean Village und Stockbridge, westlich und nordwestlich der beiden Stadtkerne, verströmt Edinburgh dörflichen Charme.** Der kleine Fluss Water of Leith trennt die großbürgerlichen Fassaden in New Town auf organische Weise von Wohnsträßchen, Villenverstecken und mit Läden gespickten Vorortstraßen wie etwa *Raeburn Place*. Schlängeln Sie sich in kleine Läden, mischen Sie sich unter Edinburgher am Tresen. Schlagen Sie Haken über Flussbrückchen und um zurückhaltend restaurierte alte Mauern aus industrieller Zeit in *Dean Village*. Und wenn Sie einen langen Atem und das richtige Schuhwerk haben, folgen Sie dem idyllischen Flusslauf bis nach *Leith*, wo aus

dem Hafen vor der Stadt ein Ausgehziel für Gourmets und Nachtschwärmer geworden ist. Wenn Sie von hier weiter zum Strand von *Portobello* gehen, dann haben Sie einen Bogen von West nach Nordost um das geschäftige Zentrum der Hauptstadt geschlagen.

DEAN GALLERY [110 B1]

Von den beiden Museen im beschaulich-dörflichen Ambiente des Dean Village bietet diese Galerie eine intimere Atmosphäre als die gegenüber liegende *Gallery of Modern Art*. Surrealismus und Dadaismus dominieren die Ausstellungen, dazu kommt eine Nachbildung des Ateliers von Eduardo Paolozzi (1924–2005), dem größten modernen Künstler Edinburghs. Der schottische Surrealist, Pop-Art-Künstler, Bildhauer und Grafiker unterrichtete in Hamburg, Köln und München und nahm an vier Documentas teil.

Am besten machen Sie das Gebäude aus dem 19. Jh. zum Ziel einer kleinen Wanderung am idyllischen Leith-Flüsschen entlang, startend etwa in Stockbridge. Im netten kleinen Café – immer gut gefüllt mit Studenten und kunstinteressierten Damen – hängt eine schöne Ausstellung von Fotos, die Paolozzi zeigen. Draußen sollten Sie den ==gepflegten, atmosphärischen *Dean-Friedhof*== nicht verpassen. *Tgl. 10–17 Uhr | Belford Road | Dean Village | www.nationalgalleries.org | Bus 13*

Insider Tipp

PORTOBELLO [0]

Der Spitzname „Brighton des Nordens" ist mit Sicherheit übertrieben. Aber der nur knapp 30 Busminuten von der Princes Street entfernt liegende große Sandstrand ist an heißen Sommertagen extrem gefragt. Die **Insider Tipp** lange Promenade, der typische Charme vernachlässigter viktorianischer Seaside, Cafés, Pubs, *ice-cream* und Pommes, dahinter kleine Sträßchen mit kurios-verbauten Häuschen der Mittelschicht – diesen Abstecher sollten Sie einplanen. Im Winter ausgezeichnet für einen melancholischen Sonntagsspaziergang, vielleicht am Meer entlang ins neu gestaltete Hafenviertel Leith. *Busse 12, 15, 26, 32, 42, 49*

ROYAL BOTANIC GARDEN ★ [107 D–E 1–2]

Schottland ist bekannt für seine herrlichen Landschaftsgärten, und der Royal Botanic Garden ist die Keimzelle der floralen Pracht. Mit 200 Jahren ist er etwas jünger als Londons Kew Gardens, aber genauso ein wichtiger Hort für die Forschung. Mit Felsen- und chinesischem Garten, Pavillons und den wunderbaren, kürzlich renovierten Glashäusern – der einzige tropische Ort in Edinburgh. Außerdem gibt es hier die älteste Bibliothek botanischer Werke in Großbritannien.

Shop- und Kaffeeterrassenbesuch brauchen zusätzlich ihre Zeit. Vom ✴ *Terrace Café (Mai–Sept. tgl. 9.30–18 Uhr | Tel. 552 06 16 | €)* ist die Aussicht auf die mittelalterliche Skyline der Stadt ein Genuss. Ein attraktiver Familienausflug, da auch die Speisen preiswert sind. *Nov.–Feb. tgl. 10–16, März, Okt. 10–18, April–Sept. 10–19 Uhr | Eintritt Glashäuser £ 3,50, Familie £ 8, Garten frei | Inverleith Row | Stockbridge | www.rbge.org.uk | Busse 8, 17, 23, 27*

> BÜCHER & FILME
Drogen, sympathische Verbrecher und morbide Späße

> **Verschworen** – Ein Serienkiller legt in Edinburgh reihenweise Leute um, aber irgendwie sympathisiert man mit ihm. Eine schwarze, gelungene Charakterstudie der Stadt von Iain Banks. Leider nur antiquarisch.

> **Der Mackenzie Coup** – Ein Ian-Rankin-Thriller ohne den eigenbrötlerischen Inspektor Rebus, in dem es um einen genialen Bilderklau eines Trios in Edinburgh geht – Verbrechen aus Langeweile mit sehr viel Humor.

> **Trainspotting** – Berühmter und wegen Handlung, Aufbau und zeitgenössischer Sprache berüchtigter Roman von Irvine Welsh, in dem es um das Lebensgefühl von Drogenab-hängigen in Leith geht. Welsh seziert Edinburghs Seele mit sozialem Skalpell. Sprachliche Kenner lesen das Original. Regisseur Danny Boyle legte 1996 mit der genialen Verfilmung eine virtuose visuelle Achterbahnfahrt vor.

> **Kleine Morde unter Freunden** – Danny Boyles erster Film (1994), gleich mit Ewan McGregor. Drei junge Edinburgher Schnösel kommen zufällig zu einem Koffer voller Drogengeld und einer Leiche, die ganz dringend weg muss. Die Situation eskaliert in vielerlei Hinsicht in dieser schwarzen Komödie mit jeder Menge stilisierter Gewalt.

ROYAL YACHT BRITANNIA ⭐ [113 E1]

Ihre Majestät stach mit dieser Art-déco-Yacht von 1953 bis 1997 in See, besuchte und bewirtete illustre Staatsführer und Royalties (sogar Gandhi).

SCOTTISH NATIONAL GALLERY OF MODERN ART ⭐ [110 A2]

Direkt gegenüber der Dean Gallery steht das vielleicht beste Museum der Stadt, auch wenn man sich womög-

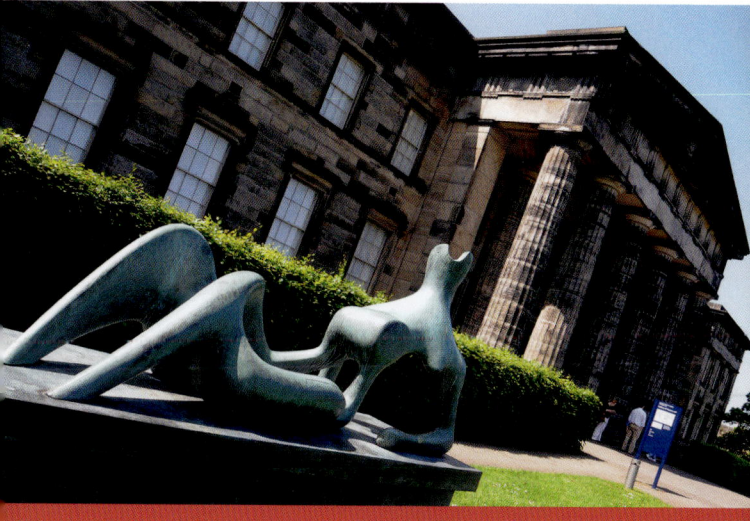

In der Scottish Gallery of Modern Art verbirgt sich die Kunst nicht nur hinter den Mauern

Das Ambiente ist von britischem Nachkriegsgeschmack geprägt – also etwas gewöhnungsbedürftig für Kontinentaleuropäer. Der Audio-Guide hilft dabei, sich die entsprechenden Personen in der kultigen Kulisse vorzustellen. Die Queensize-Yacht im Hafen von Leith wird betreten über das von Stardesigner Terence Conran entworfene *Ocean Terminal* (2001, Shopping Center inklusive). *April––Okt. tgl. 9.30–18, Nov.–März tgl. 10–17 Uhr, letzter Einlass 90 Minuten vor Schließung | Eintritt £ 10 | Ocean Drive | Leith | www.royalyachtbritannia.org.uk | Busse 1, 11, 22, 34, 35, 36*

lich schon am neoklassizistischen Sandstein sattgesehen hat. Die internationale Kunstszene der letzten hundert Jahre ist hier vertreten, von Matisse bis Hockney und Pollock, dazu kommen verschiedene schottische Kunstschulen der Moderne. Das Café ist wunderbar und nicht nur wegen seiner Snacks aus frischen, regionalen Zutaten einen Stopp wert, ebenso die Landschaftsskulptur von Charles Jencks. Und hinterher gehen Sie beschwingt am River Leith entlang zurück in die Stadt. *Tgl. 10–17 Uhr | Belford Road | www.nationalgalleries.org | Bus 13*

> AUS SCHOTTISCHER NATUR AUF DEN TELLER

Ob Pub oder Haute Cuisine: Edinburghs Küche hat etliche Gänge hochgeschaltet

> **Edinburghs Ausgehküche boomt! Schon früher schätzten die Schotten ihr Angus-Rindfleisch, den Fisch aus Fluss und Atlantik, Jakobsmuscheln und Austern. Aber erst seit 10 bis 15 Jahren hat sich Kreativität in die Zubereitung geschlichen, vor allem aus französischer Quelle.**

Gerade in den Pubs kitzelt die Revolution der Kochkunst den Gaumen. Einfaches Pubfood – also *fish 'n' chips*, Lasagne, *stew* – ist genießbar geworden. In Gastropubs ist die meist

kleine, aber feine Speisekarte genauso wichtig geworden wie die Liste der Whisky- und Alebiersorten. Auch hier wird Lokales serviert, etwa Fasan oder Miesmuscheln. Oft vermerkt die Karte, woher die Zutaten stammen.

Auch das Ambiente stimmt. Seit Mitte der 1990er-Jahre sind in Old und New Town Restaurants in alten, atmosphärischen Gemäuern entstanden. Das ehemalige Hafenviertel Leith mausert sich gerade zum kuli-

Bild: The Hub Café

ESSEN & TRINKEN

narischen Zentrum Schottlands, aktuell kochen dort drei Köche mit Michelin-Stern. Cafés – meist von 9 bis 17 oder 18 Uhr geöffnet – schießen wie Pilze aus dem Boden. Dabei vergessen die neuen Köche keinesfalls die alten, bäuerlichen Küchenhits wie etwa *porridge, black pudding* oder *haggis,* heute elegant gewürzt. Asiatische Restaurants bereichern Edinburghs Angebot genauso wie die kontinentale Cuisine.

Essenszeiten sind von Mittag bis 14 Uhr und 17 bis etwa 23 Uhr. Danach sind die Fritteusen-Take-Aways noch bis 1 oder 2 Uhr für den späten Hunger geöffnet. Restaurants und Pubs haben gute Weinauswahl, einige wenige Lokale allerdings verfügen über keine Lizenz und gestatten das Mitbringen von Wein zur Mahlzeit gegen Korkgebühr *(BYOB – bring your own bottle, £ 1–3),* andere bieten *BYOB* zusätzlich an.

CAFÉS & CAFÉ-RESTAURANTS

CAFE TRUVA [113 D1]

Insider Tipp Wo bislang ein feines Schokoladengeschäft beheimatet war, wird heute türkische Küche und echter orientalischer Kaffee serviert. Der Laden mit

West Circus Place | Tel. 226 72 12 | www.herbieofedinburgh.co.uk

THE HUB CAFÉ [112 A2] In T'

Hub bedeutet so viel wie der Punkt, um den sich alles dreht, und der Turm der ehemaligen neugotischen Kirche

Treuselige Hunde an der Wand, feiner Fisch auf dem Teller: The Dogs

mediterranem Flair hat draußen Tische unter Arkaden, eine Seltenheit in der Stadt. Türkisches Frühstück, recht üppige *meze* (Vorspeisen), Pralinen und *baklava*. Tgl. | 231–253 Canongate, Royal Mile | Old Town | Tel. 556 95 24 | www.cafetruva.com

HERBIE [107 E4]

Insider Tipp Ausgezeichneten Kaffee und gute Sandwiches gibt's im Café mit Delikatessenladen in der westlichen Neustadt. Hier fällt die Auswahl zwischen Schinkenspezialitäten und Schokoträumen schwer. So geschl. | 1 North

ist tatsächlich der Angelpunkt der oberen Royal Mile. Hier tagte früher das schottische Parlament, heute gibt's hier die Karten für das Edinburgh Festival und die beste Caféterrasse in Castle-Nähe. Tgl. | Castlehill, Royal Mile | Old Town | Tel. 473 20 67 | www.thehub-edinburgh.com

SPOON [112 B2]

Tagescafé, das der labyrinthischen Altstadt sein nüchternes Ambiente entgegensetzt. Einfachste Snacks wie die *toasted sandwiches* oder auch die leckeren Suppen werden mit

ESSEN & TRINKEN

Liebe zum Detail serviert. *So geschl. | 15 Blackfriars Street | Old Town | Tel. 556 69 22*

VALVONA & CROLLA ⭐ [108 C4]

Das italienische *Delikatessencafé (€)* mit den von der Decke hängenden Schinken, dem Duft von Kaffee, Käse, Patisserie und Brotbäckerei ist das Ergebnis einer italienischen Auswanderung nach Edinburgh vor über 100 Jahren. Kehren Sie ein in eine zauberhafte Welt des leckersten Frühstücks, richtig guter Lunch-Kreationen im Muttergeschäft in Broughton oder auf ein Glas Wein in das *Vin Caffé* mit darüberliegendem Restaurant *(€€)*. *Delikatessencafé: Mo–Sa 8–18 Uhr, So 10.30–17 Uhr | 19 Elm Row, Leith Walk | Broughton | Tel. 556 60 66, Restaurant Vin Caffé: Sa, So geschl. | Multrees Walk, St Andrew's Square | New Town | www.valvonacrolla.com*

■ GASTROPUBS & BISTROS ■

THE DOGS [111 F1]

Das Bistro ist auf den Hund gekommen, von den Wänden gucken Ihnen treue Vierbeineraugen beim Essen zu. Auf den Teller kommt ausgezeichneter schottischer Fisch. Zum Dessert probieren Sie die legendäre *crannachan*-Creme (Whisky-Hafermehl und Sahne). Das schicke Personal ist top gestylt, genau wie das weitere Design sehr individuell wirkt, fast wie ein skurriles Wohnzimmer. *Tgl. | 110 Hanover Street | New Town | Tel. 220 12 08*

KING'S WARK ▶▶ [113 F2]

Das dunkle, abgenutzte Gebäude gehörte im 17. Jh. zum königlichen Gebäudekomplex von James I. Weil Leith drum herum deutlich feiner geworden ist, hat man das szenebekannte und -beliebte Pubrestaurant 2009 renoviert. Geblieben sind die großen Portionen des klassischen *pubfood* (dickste Pommes der Stadt) und das gehobenere Angebot nebenan. *Tgl. | 36 The Shore | Leith | Tel. 554 92 60 | Busse 1, 10, 16, 22, 35, 36*

SKIPPERS ⭐ [113 F2]

Das kleine, etwas verloren wirkende Gastropub war schon vor knapp 30

MARCO POLO HIGHLIGHTS

⭐ **Valvona & Crolla**
Italienische Sinnlichkeit gegen nüchterne Ordnung der Neustadt (Seite 51)

⭐ **Skippers**
Fischgerichte vom Feinsten im alten Hafengelände (Seite 51)

⭐ **Urban Angel**
Edinburghs beliebteste Café-Brasserie serviert das meiste aus biologischem Anbau und fairem Handel (Seite 52)

⭐ **Atrium**
Manche sagen, das Restaurant sei Edinburghs bestes (Seite 52)

⭐ **David Bann**
Das beste vegetarische Restaurant liegt in der Altstadt – behaupten sogar Fleischesser (Seite 53)

⭐ **The Grain Store**
Ambiente und Service sind beim tollen Essen der vierte Gang (Seite 54)

Jahren hier, als Leith noch reines Dockland war. Die Affinität zum Meer hat sich gehalten, hier gibt's die besten Fischgerichte in dieser Preisklasse. *Tgl. | 1a Dock Place | Leith | Tel. 554 10 18 | www.skippers. co.uk | Busse 1, 10, 16, 22, 35*

URBAN ANGEL ⭐ [111 F1]
Bei Einheimischen sehr beliebte, freundliche Brasserie. Tapas, Fisch, Geflügel und Brownies sind ein Gedicht. Man schmaust mit gutem Gewissen, denn Chefkoch David Spanner liegt im Gastrotrend und serviert fast nur organische Zutaten, die meist auch fair gehandelt wurden. *Tgl. | 121 Hanover Street | New Town | Tel. 225 62 15 | www.urban-angel.co.uk*

■ RESTAURANTS €€€ ■

ATRIUM ⭐ [111 E3]
Postmodernes Interieur in warmen Farben. Das Restaurant im Foyer des *Traverse Theatre* ist für den Ausbruch von Edinburghs Fine-Dining-Welle in den 1990er-Jahren mitverantwortlich (inzwischen renoviert) und wird von einigen Insidern immer noch als das beste Restaurant angesehen. Fusion-Küche ganz ohne Spielereien, auch für Vegetarier. ==Preiswerte Nebensaisonmenüs auf der Website==. *Sa-Mittag und So geschl. | 10 Cambridge Street | Old Town | Tel. 228 88 82 | www.atriumrestaurant.co.uk*

HOTEL DU VIN BISTRO [112 B3]
Ein Tipp, nicht zuletzt wegen der zugleich entspannten und gediegenen Atmosphäre. Das Restaurant ist großzügig, aber doch gemütlich, und der moderne, schlichte Innenhof des alten, denkmalgeschützten Gebäudes bietet ein in Edinburgh rares Ambiente für den Lunch. Die Küche eifert dem gelungenen Interieur nach und bietet Europäisches mit leckeren Kreationen für Vegetarier. ==Witzig sind die Petit Fours== mit Beeren-Marshmallows

▶ GOURMETTEMPEL
Adliges Ambiente und bestes Restaurant Schottlands

MARTIN WISHART [113 F2]
Seit 2001 hält der einheimische, aber weit gereiste Koch seinen Michelin-Stern, und sein angenehm einfach gehaltenes Restaurant in Leith gilt als beste Küche Edinburghs, wenn nicht ganz Schottlands. Das ist nicht nur Geschmackssache: Wishart veredelt ausschließlich besondere schottische Zutaten wie Rind, Austern, Wild, Fisch zusammen mit Saisongemüse zu äußerst subtilen Gaumenfreuden. Der Service ist so ausgezeichnet wie die europäische Küche. *Menü ab £ 60 | So, Mo geschl. | 54 The Shore | Leith | Tel. 553 35 57 | www.martin-wishart.co.uk | Busse 1, 10, 16, 22, 35, 36*

THE WITCHERY & SECRET GARDEN [111 F2]
Wie es sich für die beste Altstadtlage gehört, lockt das zweigeschossige Restaurant im Gemäuer aus dem 16. Jh. mit schlossartiger Eleganz. Sie können hier ruhig feine Garderobe tragen, es ist aber kein Muss. Bei den vielen Äußerlichkeiten nicht zu vergessen: das Essen auf hohem Niveau. *Menü ab £ 35 | Tgl. | Castlehill, Royal Mile | Tel. 225 56 13 | www.the witchery.com*

Im reduzierten Industriedesign von The Kitchin wird feinste Sterneküche serviert

oder Turkish-Delight-Geschmack von Irn-Bru, dem nationalen Softdrink. *Tgl. | 11 Bristo Place | Old Town | Tel. 247 49 00 | www.hotelduvin.com*

THE KITCHIN [113 E1]

Man erahnt die Vergangenheit des ehemaligen Whisky-Zollhauses in den industriellen Grautönen des Interieurs von Tom Kitchins Gourmetadresse. Der Edinburgher Koch bekam nach sechs Monaten in Leith den zweiten Michelin-Stern, er serviert mit französischer Raffinesse, was Schottland hergibt. Auch Seeigel, Kaninchen oder Rind – so einsilbig und pragmatisch geben sich die einzelnen Gerichtenamen auf der Karte. Teuer! *So, Mo geschl. | 78 Commercial Quay | Leith | Tel. 555 17 55 | www.thekitchin.com | Busse 1, 10, 16, 22, 35*

PLUMED HORSE [113 E2]

Eine Adresse, typisch für das neue Gourmetviertel Leith: Das 2009 mit einem Michelin-Stern ausgezeichnete Restaurant von Tony Borthwick versteckt sich beinahe in dem ehemaligen Hafenviertel. Das unaufdringliche Interieur mit den hellen, cremigen Farbtönen überlässt die Bühne ganz den erlesenen, teuren Speisen: französische Kreationen aus schottischen Wiesen und Flüssen. *So, Mo geschl. | 50–54 Henderson Street | Leith | Tel. 554 55 56 | www.plumedhorse.co.uk | Busse 1, 10, 16, 22, 36*

■ RESTAURANTS €€

DAVID BANN ★ [112 C2]

Die schottische Küche ist ohne Fleisch kaum denkbar, weshalb dieses ausgezeichnete vegetarische Restaurant in der unteren Altstadt schon deshalb heraussticht. Risottos, Galettes, Polentas und hausgemachte Ravioli schmecken vorzüglich und können auch Fleischesser zu einem vegetarischen Ausflug verführen. Veganer fremdeln hier auch nicht. Versuchen Sie mal das aus Seetang gebraute Kelpie-Ale-Bier. *Insider Tipp* *Tgl. | 56–58 St Mary's Street | Tel. 556 58 88 | www.davidbann.com*

RESTAURANTS €€

DUBH PRAIS [112 B2]

Klein, niedrig, fensterlos, typisch Royal Mile. Die feine Küche mit schottischen Zutaten und die angenehm kleine Karte sind fast schon unerwartet für diese touristische Lage – nämlich wirklich zum Genießen. Haggis ist hier eine Vorspeise, schottischen Käse gibt's zum Dessert. *So, Mo geschl. | 123b High Street, Royal Mile | Old Town | Tel. 557 57 32 | www.dubhpraisrestaurant.com*

THE GRAIN STORE ⭐ [112 A2]

Gäbe es Michelin-Sterne für Atmosphäre sowie coolen und zugleich aufmerksamen Service – hier wäre ein Kandidat. Moderate Preise für Lunch und Dinner, Kerzenlicht, nackte Gewölbewände, Altstadtatmosphäre ohne Kitsch. Die Küche veredelt sogar Deftiges wie *black pudding*. Schottischer Fasan und Austern, dazu spannende Salate und sündige Desserts – hier stimmt alles. *So-Mittag geschl. | 30 Victoria Street | Old Town | Tel. 225 76 35 | www.grainstore-restaurant.co.uk*

TANG'S [112 A3]

Warum nach einem Thai- oder Chinarestaurant suchen, wenn Sie alles inklusive bei diesem tollen Japaner haben können? Dorsch in Misosauce

> SPEZIALITÄTEN
Genießen Sie die typische schottische Küche!

black pudding – die berühmte, mit Hafer angereicherte Blutwurst kommt aus Stornoway

brodick blue – Eselsmilchkäse von der Insel Arran

caboc – Highland-Weichkäse in Haferflocken

cock-a-leekie – Hühnersuppe mit Lauch und Backpflaumen

cranachan – vollfette Schlagsahne mit geröstetem Hafermehl und Whisky

cranberries – Preiselbeeren

crowdie – Highland-Frischkäse

cullen skink – Schellfischsuppe mit Milch, Kartoffeln, Zwiebeln

haggis – Schafsmagen mit -innereien und Hafermehl (Foto)

Irn-Bru – orangefarbener Softdrink mit Koffein aus schottischer Produktion, dessen Erfolg den Weltdrinks böse aufstößt – die Übernahme ist bislang allerdings gescheitert

kail – Grünkohl

kippers – geräucherter Hering

oysters – Loch-Fyne-Austern sind die besten

poached smoked haddock – geräucherter Schellfisch mit pochiertem Ei

porridge – Haferbrei

roast grouse – gebratenes Moorschneehuhn

skirlie – Hafermehlgrütze mit Zwiebeln als Beilage

stovies – geschmortes Rindfleisch mit Zwiebeln (Reste-Stew)

Gut zum Leute gucken: Olive Branch

einen <mark>kosmopolitischen, legeren Dinnerabend</mark> erleben und einen bunten Querschnitt der Bevölkerung treffen möchte, ist hier richtig. Es wird bis Mitternacht serviert, am Wochenende auch später. *Tgl. | 7 Nicholson Square | Old Town | Tel. 667 52 14*

Insider Tipp

OLIVE BRANCH ▶▶ [108 B4]

Dieses Café-Restaurant mit postindustriellem Design zieht im Szeneviertel Broughton die meisten Gäste an. Man sitzt dicht beieinander und kann als Besucher gut die bunte Mischung an Hauptstädtern beobachten. Die Portionen von Gebratenem und Frittiertem sind großzügig. Beliebter Sonntagsbrunch-Treff. *Tgl. | 91 Broughton Street | Tel. 557 85 89 | www.theolivebranchscotland.co.uk*

auf einem Bambusblatt, köstliche Bento-Lunches, der Duft von Zitronengras und Jasmin, das Ganze abgerundet von einem japanischen Dessert. *Mo geschl. | 44 Candlemaker Row | Old Town | Tel. 220 50 00*

■ RESTAURANTS €

BARIOJA [112 B2]

Tapasbar in der Altstadt mit spanischem Personal und spanischer Weinkarte. Leider stehen die Tapas nicht auf den Tresen, sind aber ansonsten authentisch. Im Erdgeschoss sind nicht viele Tische, deshalb kommt man in den Keller, wenn man nicht reserviert hat. Tipp: tagsüber ein gepflegtes Glas Wein trinken, um vom Sightseeing auszuruhen. Lunchmenü mit vier Tapas. Das spanische Restaurant nebenan (€€€) ist in gleicher Hand. *Tgl. | 15–19 Jeffrey Street | Old Town | Tel. 557 36 22 | www.barioja.co.uk*

KEBAB MAHAL ▶▶ [112 B3]

Currys, Biryanis und dergleichen sind im angesagten indischen Restaurant preiswert und dazu superlecker. Wer

>LOW BUDGET

> Ein Glas Wein plus Hauptgericht für £ 11 nennt sich *Simply du Vin* im feinen Bistro des *Hotel du Vin (S. 52)*.

> Es gibt etliche Imbissläden mit den berühmten *fish 'n' chips*, die auch nach Mitternacht noch Heißhunger stillen helfen – mit großen Portionen, oft bis 2 Uhr. Am Calton Hill gegenüber dem Playhouse Theatre ist das *The Deep Sea* eine gute Anlaufstelle.

> Die Dienstleistungskapitale Schottlands ist inzwischen eine gute Adresse für preiswertes Mittagessen. Ein zweigängiges Lunchmenü gibt es schon ab £ 11. Besonders rund um den Grassmarket und in Broughton ist die Auswahl gut. Aber auch das Top-Restaurant *The Witchery (S. 52)* bietet Zwei-Gänge Pre- und Post-Theatre-Menüs für £ 13,95 an.

> KAROS MIT UND OHNE KITSCH

Edinburgh kommt: vom Ramsch mythischer Souvenirs hin zum Made-in-Scotland-Design

> **Seit Edinburgh wieder zur echten Hauptstadt Schottlands aufgewertet wurde, haben sich mehr britische und internationale Toplabels hierhergetraut.**
Wo man früher meist nur Souvenirs oder Outdoorartikel bekam, gibt es heute echte Shoppingerlebnisse. Der Großteil der Geschäfte ist von Montag bis Samstag von 9 bis 18, donnerstags oft auch bis 20 Uhr geöffnet. Sonntags können Sie in der Regel von 11 bis 17 Uhr einkaufen.

In der Princes Street finden sich Kaufhäuser, Buch- und Elektronikgeschäfte. Mondäner geht's in der parallel verlaufenden George Street zu, die im exklusiven St Andrew Square und der Multress Lane ihren Höhepunkt hat. Die Royal Mile ist fest in der Hand von Schottenkaros, Haferkeksen und Whiskyflaschen, aber der Grassmarket und umliegende Straßen sind voll hübscher kleiner Boutiquen mit Mode und Accessoires made in

Bild: Kaufhaus Jenners

EIN KAUFEN

Scotland *(www.grassmarket.net)*. Sie sollten auch in die witzigen Designlädchen im Schwulenviertel um die Broughton Street schauen oder in die bunte Ladenszene im wohlhabenden *Bruntsfield*, etwa 20 Fußminuten südlich der Princes Street.

■ BÜCHER & MUSIK ■

COCKBURN STREET ▶▶ [112 A–B2]

Die Cockburn Street lockt Musikfans an, die nicht auf Mainstream aus sind.

Das *Underground Solu'shn (Nr. 9)* etwa hat bei den Platten für DJs die Nase vorn. Das alteingesessene *Avalanche (Nr. 63)* bietet überwiegend eine Auswahl an Independent-CDs, aber auch gebrauchte Scheiben. *Fopp* ist so etwas wie ein Independent-Music-Warehouse und hat auch in der Neustadt *(7 Rose Street)* ein Geschäft. Allgemein sind Musikläden die beste Info- und Ticketbörse für Liveacts in Edinburgh.

Insider Tipp

DELIKATESSEN

WATERSTONE'S [111 E2]

Alle fünf Filialen der Buchhandels-kette haben eine Edinburgh-Sektion. Die verschiedenen thematischen Stadtführer sind auch mit geringeren inzwischen mit drei feinen Käse-shops. Für Besucher beantwortet sich hier die Frage, was die Schotten mit der Fülle an Milch anstellen: feine Bries, Cheddars und Blauschimmel-

Alles Käse – und was für einer: Nicht nur Gourmets schmelzen im I. J. Mellis dahin

Englischkenntnissen noch verständ-lich. Fortgeschrittene können sich mit einheimischen Autoren eindecken wie **Rankin, Welsh oder Burns im Original**. Waterstone's-typischer Ser-vice: Kritiken von Angestellten auf handschriftlichen Schildchen. So bis 19 Uhr geöffnet. *Filialen: 3–14 u. 128–128a Princes Street, 83 George Street | www.waterstones.com*

Insider Tipp

■ DELIKATESSEN ■

I. J. MELLIS [112 A2]

Seit 1993 verwöhnt Mellis die Ge-schmacksknospen der Hauptstädter, käse herstellen. Man lässt Sie im Laden gern am *Clava Brie, Caboc, Connage Crowdie, Isle of Mull Ched-dar* naschen. Für den oft sehr kräfti-gen *Lanark Blue* sollte man etwas Port oder weichen Highland-Whisky in einer Hüftflasche dabeihaben. Schließlich gibt es noch eine europä-ische Käseauswahl vom Feinsten. Kaufen Sie sich **Käse zum Picknick** für die Princes Street Gardens oder den Spaziergang entlang dem Flüss-chen Leith. *30a Victoria Street | Old Town; ebenfalls gut erreichbar: 6 Bakers Place | Stockbridge*

■ KAUFHÄUSER ■

HARVEY NICHOLS ★ [112 A1]

Das exklusivste britische Kaufhaus ließ sich 2003 an den renovierten, edlen St Andrew Square locken. Das Gebäude ist geradezu schlicht, gemessen am Luxus auf der Stange und im Regal. Hemden von Alexander McQueen für £ 180, Anzüge vom berühmtesten Anzugschneider aus Londons Saville Row, Gieves & Hawkes, dazu die üblichen internationalen Marken. Im Obergeschoss gibt es ein großes Restaurant mit Blick auf den Square. Im Whiskyregal davor werden Kenner schwach: eine Flasche 1964er Bowmore für etwas über £ 2800, ein 1974er Ardbeg schon für gut £ 460, ein alter Havanna Club für £ 1200. *30–34 St Andrew Square | www.harveynichols.com*

JENNERS [112 A1]

Seine viktorianische Fassade kommt besonders gut zur Geltung, weil das Kaufhaus seit 1834 eine Straßenecke an der Princes Street besetzt. Sein Ruf als „Harrods Edinburghs" trifft nur bedingt zu. Jenners ist ein vertracktes Labyrinth aus etwa 100 Abteilungen und in seiner Unübersichtlichkeit sicher einmalig in der Welt namhafter *department stores*. Gerade deshalb sollten Sie aber hineinschlüpfen, die ehrwürdige hohe Innenhalle bewundern und sich dann auf der Suche nach einem bestimmten Artikel verlaufen. Unterwegs kommt Ihnen halb Edinburgh entgegen – meist die besser verdienende Hälfte – und schaut genauso verloren drein wie Sie. Aufzüge fahren nur im Schneckentempo, Rolltreppen liegen arg versteckt, kurzum, wenn's platzregnet, ist Jenners der richtige Fluchtpunkt aus der Nässe. Kaufen kann man so ziemlich alles, vor allem aber Kleidung und Stoffe. Inzwischen ziehen mehr Marken bei Jenners ein, was wohl auf die neue Konkurrenz durch das Edelkaufhaus Harvey Nichols zurückzuführen ist. *48 Princes Street | www.houseof fraser.co.uk*

■ MARKT & BUMMELN ■

FARMERS' MARKET [111 E3]

Der Spezialitäten- und Wochenmarkt am Castle sollte samstags *(9–14 Uhr)* die erste Anlaufstelle sein. Es gibt sonst nichts Vergleichbares in Edin-

MARCO POLO HIGHLIGHTS

★ **Harvey Nichols**
Kaufhaus für Markenanbeter mit teurem Geschmack (Seite 59)

★ **21st Century Kilts**
Schräge Röcke machen Männer (Seite 60)

★ **Armstrongs**
Getragen, nicht aus der Mode: Klamotten mit illustrer Vergangenheit (Seite 60)

★ **George Street**
Allerbeste Straßenlage für Boutiquen mit Tradition und Qualität (Seite 61)

★ **Joey D**
Handtaschen und mehr für Individualisten (Seite 61)

★ **Royal Mile Whiskies**
Mehr Whisky und Whiskey geht nicht (Seite 63)

MODE

burgh, und Sie bekommen einen guten Überblick über das Warenangebot von Fisch, Käse, *pickles* und Gemüse. Wer noch nicht gefrühstückt hat, kann den Tag hier mit Takeaway-Porridge beginnen, der schottischen Hafergrütze. *Castle Terrace*

RAEBURN PLACE   [106–107 C–D3]

In der zentralen Straße von Stockbridge (westlich vom Flüsschen Leith) reiht sich ein Lädchen ans nächste. Hier kaufen Edinburgher ihren Fisch, ihre Secondhandbücher, ihren Tee oder gehen zum Friseur. Eine Straße mit fast dörflichem Vorortflair, in deren Geschäften und Pubs es viel zu gucken und manches Kleinod zu ergattern gibt – etwa Oliver Twist von Dickens mit Lesebändchen für ein Taschengeld. *Stockbridge*

■ MODE

21ST CENTURY KILTS ★   [111 F1]

Männer, die diese Röcke tragen, sind eine echte Gefahr für die weibliche Modeführerschaft. Die Kilts von Howie Nicholsby geben den Männern Beinfreiheit, die zugleich traditionell und futuristisch wirkt; Mann kann sie mit Crogs, Boots oder Springerstiefeln tragen. Schuhe mit kleinem Absatz machen Schottenröcke aus Wolle, Leder oder PVC zum absoluten Hingucker – so was nennt man wohl metrosexuell. Bestimmt hat Beckham einen Nicholsby-Fummel. *48 Thistle Street | www.21stcenturykilts.co.uk*

ANTA   [112 A3]

Zwei kleine Läden, die nur einen Steinwurf voneinander entfernt liegen. Wer einkehrt, wird es schwer haben, nicht vom schottischen Tartan-

Fieber angesteckt zu werden. In feinsten Wolldecken, Teppichen, Hand- und Reisetaschen und sogar Porzellan verarbeitet Annie Stewart sanfte Farben von Schottlands Highlands und Küste. Karos ohne Kitsch! *93 West Bow | 73 Grassmarket | www.anta. co.uk*

ARMSTRONG'S ★   [112 A3]

Dieser Secondhandladen ist Kult! Kylie Minogue und die Band Franz Ferdinand haben hier schon nach gut erhaltenen Kleidungsstücken aus den guten alten viktorianischen und georgianischen Zeiten gestöbert. Neben Brit-Retro gibt's natürlich auch Tweed und Kilts *(ab £ 110)*, genau wie das zum Männerrock gehörende Bauchtäschchen *sporran (ab £ 40)*. *83 Grassmarket | www.armstrongvintage.co.uk*

BILL BABER   [112 A3]

Als Crossover von Handwerk und Mode bezeichnet der Strickdesigner den persönlichen Stil seines kleinen Labels. Vor allem Leinen, aber auch Baumwolle und Seide werden von einer deutschen Strickmaschine im Hinterzimmer zu Pullovern und Jacken verarbeitet. *66 Grassmarket | www.billbaber.com*

CORNICHE   [112 B2]

Einfacher Modeladen mit spannenden, teuren, bisweilen aber auch herabgesetzten Einzelstücken von der Stange. Vor allem die Kreationen von Vivienne Westwood lohnen den Besuch. Verspielte, „kiltige" Beinkleider für Männer, manchmal ist ein Schnäppchen möglich. *2 Jeffrey Street | www.corniche.org.uk*

FABHATRIX [112 A3]

Ein Hut für jeden Kopf! Sherlock Holmes berühmter *deerstalker hat* aus Harris Tweed, kleine *fascinators für Frauenköpfe*, handgemachte Kopfbedeckungen aus Filz, Wolle und Seide in jeder erdenklichen Form. Fawns Reid ist die ehrwürdigste Hutmacherin Edinburghs. *13 Cowgate | www.fabhatrix.com*

GEORGE STREET ⭐ [111 E–F1]

Die nobelste Achse durch New Town ist Edinburghs Modemeile für klassischen Geschmack. Sie strahlt etwas Gemütliches aus und lädt auch zum Schlendern ein, wenn man nur mit den Augen shoppen möchten, vorbei an meist britischen Modegeschäften mit Weltruf. Angesehene Ausstatter wie die amerikanischen Brooks Brothers, yuppiemäßige Brit-Neulinge wie Jack Wills, der ehrwürdige Schuhfabrikant Church's, Laura Ashley, Karen Millen und Jigsaw für die Frau, Moss für den Mann im noblen Anzug und der Hemdenklassiker T. M. Lewin. Viele Geschäfte haben sonntags bis 17 Uhr geöffnet. *www.edinburghgeorgestreet.co.uk*

JOEY D ⭐ [108 A–B4]

Unikate für Männer und Frauen aus recycelter Kleidung und Stoffen: Designer Joey D hat schon Elton John schick gemacht. Verwegenste Applikationen und grelle Prints, aber immer tragbar. Die Kleidungsstücke werden erst zerstört und dann zu einer neuen Kreation zusammengesetzt. Am abgefahrensten sind die Handtaschen. Kreativ, urban, sexy – natürlich auch mit Tartanzitaten. *54 Broughton Street | www.joey-d.co.uk*

Recycling von Stoffen auf hohem Designniveau für hippe Großstädter bei Joey D

SCHOTTISCHES MITTRADITION

MULTREES WALK [112 A1]

Die Gasse am optisch gelifteten St Andrew Square in New Town ist das neue Ambiente für die internationalen Toplabels wie Armani, Louis Vuitton und Mulberry. *St Andrew Square*

THE ROYAL MILE [112 B2]

Insider Tipp

Frau sollte hier wegen der hauchfeinen Strumpfkreationen mit diversen Tartanmustern unbedingt vorbeischauen. *11 High Street, Royal Mile | www.tartantights.com*

TOTTY ROCKS [112 A2]

Insider Tipp

Kleines, ausgezeichnetes Independent-Modelabel . Über dem kleinen Laden werden individuelle Kleidung, Handtaschen und Schmuck entworfen. Die beiden jungen Designerinnen Holly Mitchell und Lynsey Blackburn gehören zu den Top-Girls der jungen schottischen Modebranche und unterrichten inzwischen Design am Edinburgh College of Art. *40 Victoria Street | www.tottyrocks.com*

>LOW BUDGET

> Das britische Pfund hat deutlich gegenüber dem Euro verloren, und die Mehrwertsteuer in Großbritannien ist abgesenkt worden. In Kombination mit einem Billigflug lohnt sich Edinburgh als Weekend-Trip sogar zum Einkaufen für ausgefallene Mode, Musik oder iPods.

> Bei regelmäßigen Preisstürzen – etwa eine Dolce-&-Gabbana-Damenjacke, die statt 800 nur noch 50 Euro kostet – könnten Sie auch bei *Harvey Nichols* am St Andrews Square fündig werden. Oder in der *Multrees Lane*.

■ SCHOTTISCHES MIT TRADITION

BAGPIPES GALORE [113 D1]

Wollen Sie ernsthaft einen Dudelsack kaufen? Dann sind Sie hier auf jeden Fall richtig, egal ob Profi, Anfänger, Souvenirjäger oder unsicher – und deshalb eher an einem gebrauchten Sackpfeifeninstrument interessiert. *Insider Ti* *82 Canongate*

CROMBIES [108 B4]

Eine feine Metzgerei mit „Designerwürsten" vom Wild- und Hausschwein, verfeinert mit Mango, Portwein oder Blauschimmelkäse. Wer Lust auf Haggis zum Picknick oder Mitnehmen hat, ist hier goldrichtig. *97–101 Broughton Street*

HAWICK CASHMERE [112 A3]

Die hauchfeine, teure Ziegenwolle kommt aus China und der Mongolei, verarbeitet wird sie seit 1874 im südschottischen Städtchen Hawick. Luxus-Stricklabel, dessen traditionelle Ware weltweit einen Namen hat. *71–81 Grassmarket | www.hawick cashmere.com*

JUST SCOTTISH [112 A2]

Unter all den Ramschläden für schottische Mitbringsel in der Altstadt ragt dieser durch gute Qualität heraus. Ob Ihnen nun nach Haferkeksen oder Kariertem ist, Sie werden sicher fündig. *4–6 North Bank Street*

KINLOCH ANDERSON [113 E2]

Traditioneller Highland-Dress at its best, im Geschäft seit 1868. Ein ernsthafter Kiltladen für Kenner oder welche, die es werden wollen. Ein kleines Museum informiert über *tar-*

tans, also die Geschichte der Familienkaros. *4 Dock Street | Leith*

ROYAL MILE WHISKIES ⭐ [112 A2]

Angeblich hat der Laden über 300 Whiskysorten im Angebot, und Sie

SCOTTISH WHISKY HERITAGE CENTRE ▶▶ [111 F2]

Lassen Sie sich von einer Tour durch die Whiskygeschichte in die richtige Stimmung versetzen, eine der angeblich fast 280 Sorten zu erstehen. Der

Schnell durchzählen unmöglich: Über 300 Whiskysorten finden sich bei Royal Mile Whiskies

dürfen gern testen. Am besten jedoch lassen Sie sich von den fantasievollen Labels und Sortennamen inspirieren, wenn Sie eine nüchterne Wahl treffen wollen. *379 High Street, Royal Mile*

SCOTTISH DESIGNER KNITWEAR [112 A3]

So düster die canyonartige Altstadtstraße auch sein mag, so bunt und lebhaft sind die Ideen von Modedesignerin Joyce Forsyth: von Kopf bis Fuß bestrickend für die Frau mit Faible für ausgefallene Maschen. *42 Candlemaker Row*

Laden am Castle versteht Whisky auch als Entertainment. *354 Castle Hill, Royal Mile*

WHISKY SHOP [112 A2X]

Kleiner, sympathischer Independent-Whiskyladen mit Maltwhisky bis an die Decke. Auch die Malts der neuen Destillen von Shetland (*Black Woods*) und Islay (*Kilcommin*) werden hier geführt. Geschenktipp: die Flaschenabfüllung ab Fass im Laden in Gebinden von 200 und 500 ml. *28 Victoria Street | www.whiskyshop.com*

Insider Tipp

> MEHR LOUNGE ALS LAUT

Zuerst Genuss im Gourmetpub, dann ein gepflegter Folkabend –
Edinburghs Nightlife ist nicht wild, aber posh

> **Edinburgh geizt auch nachts nicht mit seinen Reizen. Das Vergnügen findet eher in kleineren Clubs, Kinos oder den zahlreichen Pubs statt. Edinburgh ist mehr Lounge als laut, mehr Folk und Jazz als Rock.**

Ein Abend beginnt meist im Pub, wobei der Trend weg von der Fish-'n'-Chips-Location hin zum Gourmetpub mit kleiner, besserer Karte geht. Dazu trinkt man immer noch lieber ein höher temperiertes, obergäriges *ale* denn einen Wein. In *Stockbridge* sind Sie dafür zwischen Raeburn Place und Circus Place bestens aufgehoben. Am lauten Straßeneck Tollcross sind allgemein die Röcke kürzer und die Hacken höher, allerdings steht hier auch das beste Theater. Die George Street hat den Ruf, *posh* zu sein, was die Schlangen vor den Clubs länger macht. In der Altstadt geht's in Gewölben manchmal eng zu. Das alte Hafengebiet in ⭐ *Leith* hat sich seit 2001, als der Architekt Terence Con-

Bild: Sandy Bell's

ran das *Ocean Terminal* inklusive Restaurant fertigstellte, zum abendlichen Ausgehmagneten entwickelt.

■ BARS, PUBS & CAFÉS ■

THE BAILIE [107 D4]
Der Tresen beschreibt eine 360-Grad-Runde, und schätzungsweise etwa ebenso viele Getränke sind im Angebot. Gemütlich im Souterrain gelegen, zieht das Pub Studenten, Banker und Sport-TV-Fans zugleich an. Wie

es sich für die trendige Gegend an der Brücke über den Leith gehört, wird gutes Barfood serviert (€). *Tgl. 11–24 Uhr | 2–4 St Stephen Street*

BENNET'S [111 E5]
Herrliches viktorianisches Dekor inklusive des damals zeitgemäßen Damenseparees, dazu viel Messing, Holz und große bunte Fenster (deshalb auch toll am Tag). Neben dem King's Theatre, weshalb es nach Vorstellun-

BARS, PUBS & CAFÉS

gen an der langen Bar voll wird. Theatergäste schauen offenbar auch gern Live-Rugby. Gut zum Leutegucken. *So–Mi 11–23.30, Do–Sa 11–1 Uhr | 8 Leven Street*

Für echte Bierliebhaber: Brauhaus

Insider Tipp **BRAUHAUS** ▶▶ [111 E4]
Brandneue kleine Bierbar. Man sollte mit klarem Kopf hingehen, damit man aus 360 Biersorten die richtige Wahl trifft. Später übernimmt das der nette Typ hinterm Tresen. Beim Testtrinken so wichtige Zwischenmahlzeiten wie Brezel oder Currywurst nicht vergessen. Junges Publikum, Studenten und zivilisierte Fuß-

ballfans (TV). *Tgl. 12–1 Uhr | 105–107 Lauriston Place*

CAFÉ ROYAL CIRCLE BAR ⭐ [112 A1]
Die vielleicht grandioseste Bar der Stadt mit denkmalgeschütztem viktorianischem Design. Der Tresen ist eine Insel unter einer faszinierenden Decke, die Wände sind mit Fliesengemälden von 1886 geschmückt, von denen prominente Erfinder auf die Menge aus Einheimischen und staunenden Touristen schauen: Benjamin Franklin, Isaac Newton, Michael Faraday, James Watt u. a. Liegt versteckt nahe dem East End der Princes Street. Ähnlich gestrickt ist übrigens das *Guilford Arms* in derselben Straße *(Nr. 1–5). Mo–Mi 11–23, Do bis 24, Fr, Sa bis 1, So 12.30–23 Uhr | 17 West Register Street*

DALRIADA [0]
Nach einem langen Strandspaziergang in Portobello können Sie den frühen Abend auch gleich in diesem Pub mit Blick auf den Strand verbringen. Zum Lunch werden Burger und Sandwiches serviert. Am Wochenende Musik. *Tgl. 11–23, Lunch 12–15 Uhr | 77 The Promenade | Portobello | Bus 12, 15, 32, 42, 49*

HALFWAY HOUSE [112 B2]
Versteckt, winzig und Treff für Einheimische: Auf halbem Weg zwischen Royal Mile und Waverley-Bahnhof liegt die kleinste Kneipe Edinburghs auf einem Absatz einer der typischen steilen Treppengassen. Trotzdem passen vier *ale*-Zapfhähne an die Theke und 30 verschiedene Malts dahinter. Ein deftiger Hit sind die Speisen aus der kleinen Küche.

> **www.marcopolo.de/edinburgh**

Fasanensuppe, Wildschweinwurst mit Püree und die typisch schottische *cullen skink* (Räucherfischsuppe) sind drei der Standards, die immer frisch zubereitet und von schottischen Betrieben hergestellt sind (€). *So–Do 11–23, Fr, Sa 11–1 Uhr | 24 Fleshmarket Close*

HECTORS [107 D3]

Trendige, populäre Bar mit Kerzenlicht, Kuschelecken und aktueller Musik – am Wochenende mit DJ –, die besonders die gut verdienende *middle class* aus der umliegenden New Town anzieht. Hier taut der Edinburgher auf, und man kann gut Kontakte knüpfen. Oft voll und lebhaft. *Tgl. 9–1 Uhr | 47–49 Deanhaugh Street u. Ecke Raeburn Place*

JEKYLL AND HYDE [111 F1]

Gruseliges Design und *gothic atmosphere*. Dazu werden Cocktails serviert, benannt nach den Sieben Todsünden. In der passenden Gesellschaft kann man in dem labyrinthischen, grandios verkitschten Pub einen unvergesslichen Abend verbringen. *Tgl. 12–1 Uhr | 112 Hanover Street*

A ROOM IN LEITH [113 E–F2]

Ein warmer, romantischer Sommerabend *and nowhere to go?* Nehmen Sie einen Bus nach Leith, und setzen Sie sich mit einer mitgebrachten Flasche Wein *(£ 2,25 Korkengeld, Hauswein £ 14)* an einen der Tische auf dem Pontondeck im Hafen, auf der Rückseite des gemütlich-gediegenen Pubrestaurants. Das *Pre-Theatre-Dinner (So–Do 17.30–18 Uhr, €€)* ist die günstigste Option. Das etwas versteckte Gebäude ist ein schönes Überbleibsel des Zoll- und Fährhafens. *Tgl. 12–24 Uhr | 1c Dock Place | Leith | Busse 1, 11, 22, 34, 35, 36*

THE STOCKBRIDGE TAP [107 D3]

Das frisch renovierte Pub im Zentrum von Stockbridge besticht ganz unviktorianisch durch helles Holz, teppichfreien Parkettboden und gemütliche Nachbarschaftsatmosphäre. Sechs *ale*-Zapfhähne und jede Menge Whiskysorten sind aber längst noch nicht alles: Die kleine Speisekarte offeriert Britisch-Herzhaftes, etwa eine leckere Fasanenkasserole (€). *Tgl. 10–24 Uhr | Ecke Raeburn Place u. St Bernhard's Row*

MARCO POLO HIGHLIGHTS

★ **Leith**
Aus dem alten Hafen wird das Ausgehviertel schlechthin (Seite 64)

★ **Café Royal Circle Bar**
Auf ein gepflegtes Bier in viktorianischer Pubeleganz! (Seite 66)

★ **The Voodoo Rooms**
Herrlich überkandidelte Event- und Cocktailbar für heiße Nächte (Seite 68)

★ **Cabaret Voltaire**
Feiner Musikkeller mit Tanzclub, der beste seiner Art (Seite 69)

★ **Sandy Bell's**
Tägliche Folksessions von lokalen und internationalen Größen (Seite 70)

★ **Festival Theatre**
Edinburghs Topbühne für Schauspiel, Oper und Tanz (Seite 70)

In den Voodoo Rooms schlägt man sich gerne die Edinburgher Nächte um die Ohren

■ CLUBS

DRAGONFLY 🔊   [111 F3]

Die beste Cocktailadresse in der Alt-stadt. Alle sind schick und ge-schmackvoll angezogen, aber weni-ger angestrengt gestylt als in der Opal Lounge. Der Top-Cocktail heißt „Edinburgh Rocks", aber die Szenerie ist mehr loungig als laut, stilistisch zwischen kolonial und 1970er-Jahren angesiedelt und angenehm cool. Res-tauration bis 22 Uhr mit Kleinigkeiten und Tapas. Eventuell reservieren. *52 West Port | Tel. 228 45 43 | www.dra gonflycocktailbar.com*

OPAL LOUNGE ▶▶   [111 F1]

Typisch feine George-Street-Szene im reichen New Town. Sehr chic in Dekor und den Roben der Late-Night-Clubber. Sie können sich an asiati-schen Gerichten erfreuen oder an Cocktails nippen und nach Berühmt-heiten ausschauen. Kontakte zu knüp-fen fällt schwerer, deshalb sollten Sie mit Partner hingehen. Populär und trendy nach 22 Uhr, wie die Warte-schlange verrät. Informative Home-page. *So–Fr 17–3, Sa 12–3 Uhr, Essen bis 22 Uhr | Eintritt nach 22 Uhr ab £ 5,50 | 51a George Street | www.opallounge.co.uk*

THE VOODOO ROOMS ⭐   [112 A1]

Direkt über dem schönsten Pub in New Town, dem Café Royal, sind die alten Räume zu der angesagtesten Lounge- und Cocktailbar des Edin-burgher Nachtlebens umgebaut wor-den. Der viktorianische Bombast wur-de wiederbelebt, die Türsteher und Barleute erzogen und den Cocktails prickelndes Leben eingehaucht. Nicht nur für Looks und Drinks, auch für intime Club-Auftritte mit Bands und Cabaret. Grandioses, elegantes Chill-out in allen Bars und Salons. *So–Do 14–1, Fr, Sa 12–3 Uhr | Eintritt ab £ 4,50 | West Register Street 19a | www.thevoodoorooms.com*

■ KINOS

Obwohl Edinburgher gern ins Kino gehen und die Stadt eine tolle Kulisse für Verfilmungen böte, wird verhält-nismäßig wenig gedreht. Sogar der

Großteil des Kultfilms „Trainspotting" entstand in Glasgow. Freitags ist Programmwechsel. Was wo läuft, entnehmen Sie den Tageszeitungen.

FILMHOUSE [111 E3]

Im künstlerisch spannendsten Kino der Stadt findet auch Mitte Juni das *Edinburgh Film Festival* statt. Programm mit dem Anspruch, Fans guter Klassiker und relativ unbekannter Drehs zu bedienen, davon einige Originalversionen mit Untertiteln. Drei Leinwände. *Eintritt ab £ 4 | 88 Lothian Road*

SCOTSMAN SCREENING ROOM ▶▶ [112 B1]

Geheimtipp für die Cineastenszene: Sie kuscheln oder fläzen in einem von 46 ledernen Ohrensesseln mit Armlehnen, blicken auf knapp 10 m² Leinwand und erhalten zur Eintrittskarte ein Eis. Die intime Atmosphäre im edlen Scotsman Hotel können Sie leider nur sonntags genießen, weshalb Sie unbedingt schon von daheim auf der Website buchen sollten. *Eintritt £ 8,50 | Scotsman Hotel | 20 North Bridge | Tel. 62 22 99 97 | www.scotsmanscreenings.com*

■ LIVEMUSIK ■

CABARET VOLTAIRE ★ [112 B2]

Im unterirdischen Bauch der Altstadt gibt's fast täglich Auftritte von neuen Bands aus der britischen Szene. Dabei herrscht eher die Atmosphäre einer sympathischen Gewölbeboutique denn die düsterer Kellergotik. Der Club mit drei kleinen Bühnen verwandelt sich nach den Gigs in eine der besten Dance-Adressen der Stadt, täglich mit unterschiedlichen Mottos. *Auftritte ab 19 und 23 Uhr | Eintritt frei oder bis £ 14 | 36 Blair Street | www.thecabaretvoltaire.com*

JAZZ BAR ▶▶ 📶 [112 B3]

Hier schlägt das Herz der Stadt im anspruchsvollen Fünfvierteltakt eines „Take Five". In der groovigen Kelleratmosphäre mit ihrer kleinen Bühne finden täglich drei Gigs statt. Am Wochenende wird's ab 9 Uhr funkiger und ein DJ hat seine Hände im Spiel. Pro Auftritt wird ein kleiner Eintritt erhoben. Aktuelles Programm im Internet. *Auftritte Mo–Mi, Fr ab 21, Do ab 22.30, Sa, So ab 15.30 Uhr | 1a Chambers Street | www.thejazzbar.co.uk*

ROYAL OAK ▶▶ [112 B3]

Schmuckloser kann ein Pub tagsüber kaum sein. Je später der Abend, um so mehr jedoch füllen sich die beiden kleinen Schankräume im Erd- und Untergeschoss, und die Luft zittert vom Klang der Saiten, Bögen und meist rauchigen Stimmen. Folkmusik, bis das Bier im Glas schäumt. *Tgl. 9–2 Uhr | 1 Infirmary Street*

SANDY BELL'S ⭐ [112 A3]

Einfaches Pub ohne Mahlzeiten am Greyfriars-Friedhof, das jedoch nachmittags und am Abend bebt, wenn sich lokale und internationale Folkmusikgrößen zur Jamsession treffen. Fiddle, Gitarre, Gesang: keltische Lebensart *at its best. Tgl. 11–1 Uhr | 25 Forrest Road*

■ SCHWUL & LESBISCH ■

Zwischen Broughton Street, Leith Walk und East London Street liegt das „Rosa Dreieck" Edinburghs mit Cafés, Pubs und Restaurants. Die *gay & lesbian scene* trifft sich im angesagten Schwulen-Nightlub *CC Blooms (Do–Di 20–3, manchmal bis 5 Uhr | Eintritt frei | 23 Greenside Place).* Das *Mariners (Eintritt ab £ 5,50 | 40 Commercial Street | Leith | Tel. 555 56 22)* in einer umgebauten Kir-

▶ LOW BUDGET

> ▶▶ Die Studentenszene tanzt und trinkt gern im *Club Stereo (Mo, Mi, So geschl. | 26 Kings Stables Road | http://stereonightclub.co.uk)* am Westende der Altstadt, und zwar nicht nur wegen des speziellen Getränkeangebots für 1 Pfund. Speeddatingabende!

> Ein Sommerabend in der *Cumberland Bar (1–3 Cumberland Street)* ist hier so attraktiv, weil gutes Pubessen, acht verschiedene Sorten *ale* und die frische Luft im Biergarten einen erschwinglichen Abend garantieren.

> *www.viewedinburgh.co.uk* ist eine klasse Website, um für den Abend schnell noch ein preiswertes Ausgehziel zu finden.

che ist derzeit die beste schwule Chillout-Lounge-Adresse, auch mit reinen Frauen- und Männerabenden, allerdings mit variablen Öffnungstagen und -zeiten. Das *Ego,* das Clubber für einen der besten Dance-Clubs der Stadt hielten, ist 2009 leider abgebrannt.

■ THEATER & KLASSIK ■

FESTIVAL THEATRE ⭐ [112 B3]

Die repräsentativste Bühne der Stadt, nicht nur während des Festivals. Moderner Tanz, Oper, Schauspiel – kurz: Alles, was Rang und Namen hat, tritt hier auf. Interessant ist auch der Stilmix aus altem Theaterbau und moderner Glasarchitektur. *Eintritt £ 5–55 | 13–29 Nicolson Street | www.eft.co.uk*

KING'S THEATRE [111 E5]

Ein Theaterbau wie aus einem alten Bilderbuch: Holz, Marmor und Blattgold bieten einen edlen Rahmen für Theater, Musical, Komödie und Oper. Pubs liegen gleich daneben, sodass man in der Pause schnell ein Pint zischen kann. Hier spielte Sean Connery übrigens seine erste Rolle! *Eintritt ab £ 11 | 2 Leven Street | www.eft.co.uk*

PLAYHOUSE [108 B4]

Großes Auditorium mit 3000 Plätzen am Calton Hill, in dem so unterschiedliche Weltstars wie Steely Dan, Tom Waits oder Katie Melua auftreten, dazu durchreisende Musicalshows. Auch eine gute Bühne für bekannte britische Stand-up-Comedians. *Eintritt ab £ 11 | 18–22 Greenside Place | www.edinburgh playhouse.org.uk*

ROYAL LYCEUM THEATRE COMPANY [111 E3]

Klassiker und – anders als in den Anfangstagen der 1960er- und 1970er-Jahre – nur selten Experimen-

wer nur mal am Puls der Szene Edinburghs schnuppern will, sollte zumindest das nette Traverse Bar Café aufsuchen. Angesagter Fringe-Festival-Treff. *Eintritt frei oder bis*

Ein wahrhaft königliches Bühnenhaus: das prachtvolle King's Theatre

telles in einem wunderschönen viktorianischen Gebäude von 1883. Auf dem Rang soll sogar ein Geist umgehen. Bis zu acht neue Stücke werden jedes Jahr einstudiert, was das Royal Lyceum nach eigenen Angaben zum größten Dramatheater Schottlands macht. *Eintritt ab £ 12 | Grindlay Street | www.lyceum. org.uk*

TRAVERSE THEATRE ▶▶ [111 E3]

Der Nabel für zeitgenössisches schottisches Theater. Enthusiasten mit guten Englischkenntnissen sind im Kellertheater genau richtig, und

£ 18 | 10 Cambridge Street | www.tra verse.co.uk

USHER HALL [111 E3]

In dem wunderbaren Theater-Rundbau finden die wichtigsten klassischen Konzerte des berühmten Edinburgh Festival statt. Ansonsten spielen hier Sinfonieorchester, Jazzgrößen und Rockbands. Das Gebäude wurde 2009 aufwendig restauriert. Ein Schmuckstück ist die große Orgel, die ebenfalls kürzlich renoviert wurde. *Eintritt ab £ 14 | Ecke Lothian Road u. Castle Steps | www. usherhall.co.uk*

> HISTORIE BIS INS SCHLAFZIMMER

Für ganz normale Herbergen ist zwischen Grandhotels, Groß-
bürgerhäusern, Boutiquechic und Frühstückspensionen kaum Platz

> Für seine geringe Größe bietet Edin-
burgh ein weitgefächertes Hotelangebot
mit immerhin rund 23 000 Betten, vor
allem in kleineren Unterkünften. Das
reicht aber nur, wenn nicht gerade
Festivalzeit oder Hogmanay ist.

Gute Auswahl gibt's im Luxussektor,
sowohl was traditionellen Grandho-
telcharme als auch was trendige Bou-
tiquehotels angeht. Nichts für den
durchschnittlichen Geldbeutel, aber die
meisten dieser Etablissements haben

entweder Brasserie, Café oder Nachtclub im Haus, was auch Nichtbewoh-
nern die Türen öffnet. Die oft etwas
außerhalb gelegenen Bed-&-Break-
fast-Pensionen erreichen Sie gut mit
dem Bus. Hierbei ist das Frühstück im
Preis enthalten, ansonsten zahlen Sie
etwa £ 5 fürs kontinentale, £ 12 fürs
schottische Morgenmahl.

Kettenhotels mit zwei oder drei
Sternen bieten wenig Atmosphäre
und lassen über Nacht leider ver-

Bild: Prestonfield Hotel

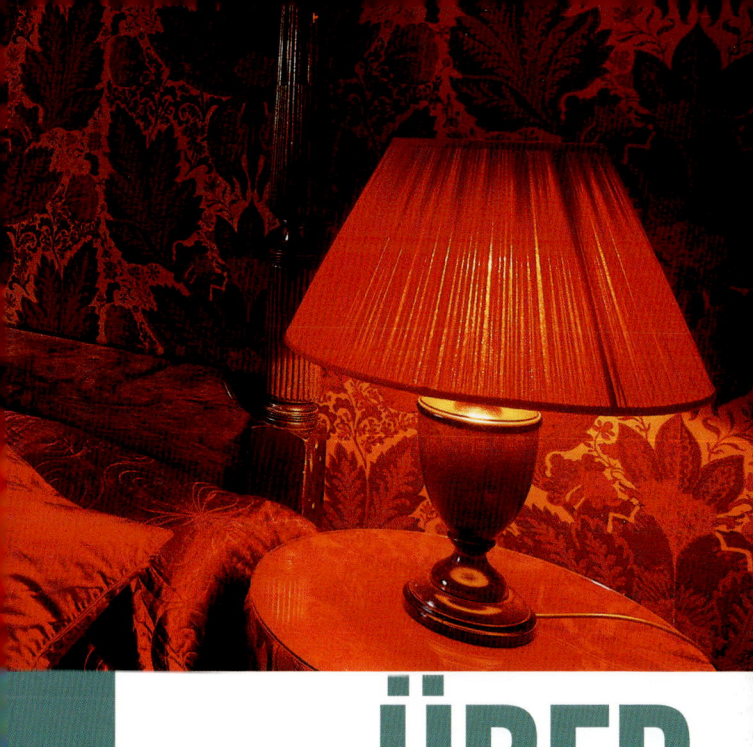

ÜBER NACHTEN

gessen, welch grandiose Stadt man gerade besucht. Weshalb das Wohnen in den georgianischen *townhouses* aus dem 18./19. Jh. empfehlenswert ist. So erleben Sie die typische Architektur mit hohen Räumen und die persönliche Gastfreundschaft gleich mit – inklusive der zugigen Schieberahmenfenster und dicken Bettquilts. Der stark variierende Preis für ein Doppelzimmer in diesen Großbürgerhäuserhotels (£ 70–140)

beinhaltet meist das Frühstück. Ein mit Sternen versehenes blaues Schild des schottischen Tourismusverbands an der Eingangstür ist ein hilfreiches Qualitätsmerkmal für preiswerte Unterkünfte.

Festivals, Feiertage und internationale Rugbyspiele können Zimmerpreise leicht verdoppeln, besonders im August und Dezember. Generell fallen die Preise zwischen Oktober und März deutlich. Wer da auf die

Website eines Boutiquehotels schaut, wird immer erstaunliche Last-Minute-Angebote entdecken! Ebenfalls gute Quellen: *www.hotelreviewscotland.com* | *www.stayinedinburgh.net*

tel gehört einer lokalen Gruppe *(www.townhousecompany.com)*, die noch drei ähnliche Unterkünfte anbietet. *41 Zi. | 12–16 Learmonth Gardens | Tel. 315 22 26 | www.channings.co.uk*

Im Hotel du Vin gehen Alt und Neu eine ebenso ästhetische wie funktionale Beziehung ein

HOTELS €€€

CHANNINGS ⭐ 📶 [106 C4]

Entspannte Eleganz und geschmackvolles Ambiente mit heroisch-historischer Note. Die fünf zu einem ruhig gelegenen Townhaus-Idyll der edwardianischen Belle-Époque-Zeit zusammengelegten Häuser gehörten teilweise dem Antarktisforscher Sir Ernest Shackleton. Zwei Suiten dokumentieren das mit Fotos von der berühmten Endurance-Expedition zum Südpol. Ausgezeichnetes Restaurant. Das Ho-

HOTEL DU VIN ⭐ 📶 [112 A3]

Das neueste Haus aus der Reihe mittelgroßer Luxusboutiquehotels ist eine gelungene Mischung aus denkmalgeschütztem Altstadtgebäude und moderner Anpassung an zeitgenössische Hotellerie – etwa die gelungene Doppelverglasung der originalen zweiteiligen Schieberahmenfenster. Alte und neue Mauern ergänzen sich ästhetisch. Die Zimmer sind von praktischem Luxus, die Details edel, der Service vorbildlich. Es gibt eine hervorragend

> *www.marcopolo.de/edinburgh*

bestückte Weinbar und einen Raum zur Whiskyverkostung. Das Bistro-Restaurant hat gemütliche Weinlagerhausatmosphäre, der Innenhof bietet dagegen einen modernen, fast unterkühlten Kontrast zur umgebenden Altstadt. *47 Zi. | 11 Bristo Place | Tel. 247 49 00 | www.hotelduvin.com*

MALMAISON 🔊 [113 F1]

Das stadtschlossartige Gebäude am Hafen in Leith ist eins der älteren Boutiquehotels. 1833 als Seemannsheim gebaut, ist das Flaggschiff der schottischen Malmaisons ein etwas in die Jahre gekommener Grandseigneur der Hotelszene. Der Luxus wirkt hier und da etwas verschlissen, nicht aber die Grandhotel-Atmosphäre trotz des Boutiquecharakters. Man wohnt direkt am Wasser, unweit von den drei mit Michelin-Sternen ausgezeichneten Restaurants der neuen Lifestyle-Szenerie am alten Hafen. Mit Restaurant und Bar. *100 Zi. | 1 Tower Place | Leith | Tel. 469 50 00 | www.malmaison-edinburgh.com*

LE MONDE ▶▶ 🔊 [111 F1]

Das Luxusboutiquehotel auf Schottlands angesagtester Edelshoppingmeile hat seit seiner Eröffnung 2006 schon mehrere Preise bekommen. Die Suiten sind mit Verweisen auf Traumstädte der weiten Welt entworfen. Für die georgianisch-nüchterne Straße recht bombastisch ist der Rest: Das schrille Restaurant *Paris* ist Belle Époque, der bis 3 Uhr geöffnete Nachtclub mit DJ heißt *Shanghai* und zieht die Studenten an *(Eintritt £ 5)*, das Frühstück nimmt man im *Milan* ein, und die Szene trifft sich in der *Brasserie Vienna*. Todschick! *18 Zi. | 16 George Street | Tel. 270 39 00 | www.lemondehotel.co.uk*

RUTLAND ⭐ 🔊 [111 D2]

Das 2008 neu eröffnete kleine Luxusboutiquehotel wurde bei den schottischen „Style Awards" gleich zum besten seiner Klasse ernannt. Die Lage im West End erlaubt den Blick auf die benachbarte Burg und den Calton Hill am Horizont. Individuelle Zimmer, nicht überdekoriert. Hier wohnte übrigens einst der Vater der antiseptischen Chirurgie, Joseph Lister. Das Brasserie-Restaurant ist angenehm, der Nachtclub *The One Below (tgl. bis 3 Uhr)* mit einer der noch seltenen iBars – quasi eine

Insider Tipp

MARCO POLO HIGHLIGHTS

⭐ **Channings**
Exquisite großbürgerliche Villenatmosphäre (Seite 74)

⭐ **Hotel du Vin**
Edel und hip: architektonisch wiederbelebtes Gemäuer (Seite 74)

⭐ **Rutland**
Feinster Stil mit Castleblick (Seite 75)

⭐ **Bank Hotel**
Erschwingliche Altstadtromantik hinter klassischen Säulen (Seite 76)

⭐ **The Scotsman**
Opulentes Boutiquehotel in ehemaligem Zeitungstempel (Seite 76)

⭐ **Grassmarket Hotel**
Preiswerte Altstadtwohnlage (Seite 79)

leuchtende Touch-Screen-Oberfläche zum Malen und Schreiben mit den Fingern – gehört zu den angesagtesten Top-Lounges, in denen das Publikum eher über 25 Jahre alt ist. *12 Zi. | 1–3 Rutland Street | Tel. 229 34 02 | www.therutlandhotel.com*

■ HOTELS €€

BANK HOTEL ★ ⌇   [112 B2]

Die Themenzimmer in dem 2008 renovierten neoklassizistischen Eck-gebäude, das 1923 als Geldinstitut errichtet wurde, sind jeweils einer historischen lokalen Größe gewidmet, etwa Robert Burns. Die Royal-Mile-Kreuzung ist hier quirlig und voller Leben, genau wie die Bar im Erdgeschoss, in der das Inklusivfrühstück eingenommen wird. Genau richtig für einen romantischen Städtetrip mitten ins rege, urbane Herz. *9 Zi. | 1 South Bridge | Tel. 556 99 40 | www.festival-inns.co.uk*

▶ LUXUSHOTELS

Wohnen zwischen Marmor, Kristall und Bleiglas

BALMORAL ⌇   [112 B1]

Die 20 Suiten, davon drei Royal Suites, sind die besten, die es in Edinburgh jenseits der Boutiquehotels gibt. Das schlossartige Gebäude ist der zentrale Fokus auf der Princes Street, besonders <mark>die große Turmuhr, die immer zwei Minuten vorgeht</mark>, damit man seinen Zug von der benachbarten Waverley Station nicht verpasst (außer Silvester!). Die Gestaltung der Räume gibt sich vornehm zurückhaltend, der Rest ist Marmor und Kristall. Der *doorman* ist ganz schottisch, die Brasserie *Hadrian's* kontinental, <mark>das *Restaurant Number One* hat einen Michelin-Stern und eine große vegetarische Auswahl</mark>. *188 Zi. | £ 305 (DZ) bis 2000 (Suite) | 1 Princes Street | Tel. 556 24 14 | www.thebalmoralhotel.com*

Insider Tipp

Insider Tipp

CALEDONIAN HILTON ⚹ ⌇   [111 D2]

Das zweite Grandhotel auf der Princes Street steht am anderen, dem westlichen Ende der langen Straße und ist doch nur drei Hausnummern entfernt. Nicht so brillant wie das Balmoral, aber mit einer Ausstrahlung, die einen Tick schottisch-authentischer ist. Mit Highland-Heidefarben dekoriert plus Sean-Connery-Suite – der Schauspieler nistet sich hier gern ein. Zwei Restaurants und grandiose Aussichten auf die Burg und die Meerenge Firth of Forth. *251 Zi. | DZ ab £ 130 | Princes Street | Tel. 222 88 88 | www.hilton.co.uk/caledonian*

THE SCOTSMAN ⌇ ★   [112 B1]

Kaum zu glauben, dass hier für ein Jahrhundert die führende Tageszeitung „The Scotsman" gemacht wurde. Edwardianisches Belle-Époque-Gefühl stellt sich ein, wenn man nach dem Eintreten von bunten Bleiglasfenstern und Marmor empfangen wird. 5-Sterne-Luxusboutiquehotel mit etwas labyrinthischem Layout. An der Schwelle zur Altstadt auf der Northbridge, fast wie ein Traumschloss auf der Zugbrücke. Cooler Pool aus Nirosta, kuscheliges Minikino, feines Restaurant und die vielleicht opulenteste Brasserie (*North Bridge | separater Eingang | www.northbridgebrasserie.com*) der Stadt. *69 Zi. | £ 230 (DZ) bis 1600 (Suite) | 20 North Bridge | Tel. 556 55 65 | www.thescotsmanhotel.co.uk*

ÜBERNACHTEN

HOLIDAY INN EXPRESS
CITY CENTER  [108 B4]

Das zentralste Hotel der Kette liegt in Broughton, schön unterhalb des Calton Hills. Sechs Stockwerke sauberer

STEVENSON HOUSE [107 E5] Insider Tipp

Hier hat Robert Louis Stevenson von seinem sechsten Lebensjahr an gewohnt. Wo seine Amme mit ihren Geschichten die Fantasie des Roman-

Eigentlich würde man Karos erwarten: Schick im Zimmer des Rutland Hotels

Zimmer ohne atmosphärischen Anspruch. *161 Zi. | Picardy Place | Tel. 558 23 00 | www.hieedinburgh.co.uk*

HUDSON HOTEL [111 D2]

Dem ehemaligen Postamt zwischen dem Charlotte Square und dem Westende der Princes Street hat man den Charme eines cool designten Cityhotels verpasst. Location und Hotelstil passen gut, der Service ist zurückhaltend, Geschäftsleute und Besucher wissen das zu schätzen. Gefrühstückt wird in der großen Bar. Top-Standort an der Nahtstelle zwischen Altstadt, Neustadt und Dean Village . Bus zum Flughafen fast vor der Haustür. *30 Zi. | 9–11 Hope Street | Tel. 247 70 00 | www.thehudsonhotel.co.uk*

ciers nährte, können Sie heute recht exklusiv Ihr Haupt betten. Das einzige Doppelzimmer *(ganzjährig 100 Pfund)* hat ein ehrwürdiges Himmelbett, das Frühstück ist dagegen zeitgemäß mit Sauerteigbrot und Müsli – die Dame des Hauses ist eine Deutsche. Das georgianische Townhouse mit herzlichem privatem Touch hat noch zwei Einzelzimmer und liegt mitten in der Neustadt. *3 Zi. | 17 Heriot Row | Tel. 556 18 96 | www.stevenson-house.co.uk*

TAILOR'S HALL [112 A3]

Es gibt Stadtreisende, die sich im nächtlichen Trubel der Altstadt so richtig wohlfühlen. Wer gerne in einem fast 400 Jahre alten Zunftgebäude übernachtet, die Zimmer kontrastierend nüchtern und modern mag und sich in der urigen, lebhaften Hotelbar unter das zahlreiche lokale Publikum mischen möchte, hat mit dem 3-Sterne-Hotel die richtige Wahl getroffen. *42 Zi. | 139 Cowgate | Tel. 622 68 01 | www.festival-inns.co.uk*

■ HOTELS € ■

53 FREDERICK STREET 🔊   [107 E5]

Traditionelle Eleganz und große Zimmer bietet die zentral in der Neustadt gelegene georgianische Townhousepension (Frühstück inklusive). Ruhiges Ambiente, aufmerksame und freundliche Gastgeber. *4 Zi. | 53 Frederick Street | Tel. 226 27 52 | www.53frederickstreet.com*

AILSA CRAIG HOTEL 🔊   [109 D4]

Typisches Neustadt-Townhousehotel, 1820 immerhin von William Playfair, einem der größten schottischen Architekten seiner Zeit, gebaut. Schöne grüne Wohngegend an der Nordseite des Calton Hill, ausgezeichnet also für Sonnenuntergangs-Spaziergänge mit Stadtblick. Große, saubere, einfache Zimmer. Gutes Preis-Leistungs-Verhältnis. In der London Road um die Ecke fährt der ==Bus 15 zur geheimnisvollen Rosslyn Chapel== südlich der Stadt ab. *17 Zi. | 24 Royal Terrace | Tel. 556 50 55 | www.townhouse hotels.co.uk/hotels/ailsacraig.html*

BALMORE HOUSE   [111 D5]

Freundliche, saubere und preiswerte Pension mit genügend großen Zimmern, gut zehn Minuten vom Westend. Das viktorianische Balmore House ist englisch eingerichtet, was dicke Teppiche und Tapeten angeht. Das benachbarte Schwesterhaus *Bowmore* dagegen mutet mit Holzböden und hellerer Möblierung skandinavisch an. Reichhaltiges Frühstück im Preis inbegriffen. *7 Zi. | 34 Gilmore Place | Tel. 221 13 31 | www.balmoreholidays.co.uk*

CLAREMONT   [108 A2]

Zwei georgianische Bürgerhäuser auf einer typischen halbrunden Straße wurden zu einem Hotel zusammengefügt. Dadurch entstanden hohe, lichte Räume, die nicht mit Mobiliar vollgestopft sind. Schöne Gegend im nördlichen New Town. *22 Zi. | 14–15*

>LOW BUDGET

> Die Zahl der Hostelbetten in Edinburgh ist groß. Das *Belford Hostel* 🔊 im Dean Village ist eine ehemalige Kirche mit Hausbar (98 Schlafsaalbetten, 7 kleinere Zi. | 21 Euro/Person | 6–8 Douglas Gardens | Tel. 225 62 09). Ganz modern und riesig ist die mitten in der Altstadt gelegene 5-Sterne-Herberge *Smartcity Hostel* 🔊 (630 Zi., alle mit Bad | 12 Euro/Person | 50 Blackfriars Street | Tel. 0870/892 30 00). Mit Fahrradstation und Gepäckaufbewahrung.

> Im Westend bietet *Eurolodge* 🔊 tolle georgianische Architektur und ebensolches Interieur sowie eine Hospitalvergangenheit; deshalb haben manche Räume sogar 20 Betten (100 Betten, davon 4 DZ | 16 Euro/Person | 25 Palmerston Place | Tel. 220 51 41).

> Richtig gute Last-Minute-Angebote (hot dates) für die teureren Hotels bekommt man kurzfristig im Internet (www.hotelreviewsscotland.com).

Claremont Crescent | Tel. 556 14 87 | www.claremont-hotel.co.uk

FREDERICK HOUSE    [111 F1]

Umgebaute Büros in einem georgianischen Neustadthotel über fünf Eta-

nach den Zimmern hinten raus, wenn Sie Ruhe haben wollen. Ansonsten: Das Hotel ist seine zwei Sterne mindestens wert, die Zimmer sind en suite, einfach und sauber, die Lage am ehemaligen Galgenplatz und in ak-

So edel – und preisgünstig – wohnt es sich in Edinburgh: Ailsa Craig Hotel

gen, daher sind die meisten Zimmer geräumig. Typisch für Townhouses: leicht abgewohnt oder nicht ganz überzeugend umgerüstet. Top-Wohnlage und nettes À-la-carte-Frühstück im Restaurant gegenüber. *45 Zi. | 42 Frederick Street | Tel. 226 19 99 | www.townhousehotels.co.uk/hotels/frederick.html*

GRASSMARKET HOTEL ⭐   [112 A3]

Exakt am vergnügungssüchtigsten Platz der Altstadt, also fragen Sie

tueller Nachbarschaft eines irischen Pubs *(Biddy Mulligan)* ist für jemanden in Feierlaune unschlagbar. *45 Zi. | 94–96 Grassmarket | Tel. 220 22 99 | www.festival-inns.co.uk*

IBIS CENTRE   [112 B2]

Zentraler kann man in der Altstadt in dieser Preisklasse nicht wohnen. Saubere Räume und sechs behindertengerechte Doppelzimmer. *99 Zi. | 6 Hunter Square | Tel. 240 70 00 | www.ibishotel.com*

GEISTER, PINGUINE UND ERDBEBEN

Am Tag in den Zoo, ins Aquarium oder Wissenschaftsmuseum – und abends Gespenstern begegnen

> Etwas Nervenkitzel können Sie Ihren Kindern ruhig gönnen. Die Touren durch das Gruselkabinett *Dungeons* an der Waverley Station sind aber nur etwas für hartgesottene Teens in Begleitung – nicht für Kinder. Abendliche *Ghost Tours* durch die Gassen erschrecken weniger, hinzu kommt der Kostümbonus durch die Akteure. Aber natürlich gibt es auch noch eine Reihe harmlos-spannender Adressen.

DEEP SEA WORLD   [114 C1]
Auf einem Laufband geht's durch eine Art Aquarium mit Haien, Rochen, bunten Fischschwärmen und Robben. Das Spannende am 15-km-Ausflug nach North Queensferry für die Eltern ist aber eher die Fahrt mit der Eisenbahn über die Firth of Forth Bridge, die berühmteste Auslegerbrücke der Welt. Sie können auch von South Queensferry direkt unter der Brücke aus einen *45-Minuten-Bootsausflug* einstreuen *(März–Okt.)* und auf *Inchcolm Island* für anderthalb Stunden aussteigen. Auf der Insel gibt's eine tolle Abteiruine und ab April/Mai viele

Vögel plus neugierige Robben am Ufer. *Mo–Fr 10–17, Sa, So 10–18 Uhr | Eintritt £ 11,75, Kinder ab 3 Jahre £ 8 | North Queensferry | www.deepseaworld.com | Fife Circle Line von Waverley oder Haymarket*

EDINBURGH ZOO   [0]
Landschaftlich ist der hügelige Zoo wirklich schön. Am besten fahren Sie zunächst mit einem Shuttle auf den Gipfel, um dann an Tieren wie Koalas und Nashörnern vorbei wieder herunterzuwandern. Die Gehege werden laufend modernisiert. Kinder lieben die Pinguinparade *(April–Aug. 14.15 Uhr)*. Nicht ohne ein Lunchpaket losziehen! *April–Sept. tgl. 9–18, Okt. u. März tgl. 9–17, Nov.–Feb. tgl. 9–16.30 Uhr | Eintritt £ 14, Kinder ab 3 Jahre £ 9,50 | Corstorphine Road | Murrayfield | www.edinburghzoo.org.uk | Bus 12, 26, 31*

GRUSELTOUREN
Es gibt kein Entrinnen – irgendwann drückt Ihnen jemand ein buntes Flugblatt in die Hand. Und bittet um ein Rendezvous mit

> MIT KINDERN UNTERWEGS

gruseligen Absichten in dunklen Ecken der Stadt. Davon leben heute etliche Amateurschauspieler, die Ihnen für zwei Stunden das Fürchten beibringen. Ein wenig historische Geisterbahn, recht professionell gemacht in Kleidung und Schminke – nichts für Schreckhafte, aber für aufgeweckte Kids spannend. *Mercat Walking Tours: ab £ 8 | Tel. 0131/557 64 64 | www.mercattours. com; City of the Dead Tours: ab £ 9 | Tel. 0131/22 59 04 4 | wwwblackhart.uk. com; Witchery Tours: ab £ 8 | Tel. 0131/ 225 67 45 | www.witcherytours.com*

MUSEUM OF CHILDHOOD   [112 B2]

Eigentlich fast mehr ein Museum für jung gebliebene Erwachsene, weil Zinnsoldaten, Barbies und ein nach Epochen geordnetes Sammelsurium nicht interaktiv ausgestellt sind. Wenn aber die Eltern gute Geschichten zu den mit Liebe zusammengesuchten Ausstellungsstücken erzählen, wird der Besuch zum Gewinn für die ganze Familie. *Mo–Sa 10–17, So 12–17 Uhr | 42 High Street | Royal Mile | www.museumofchildhood.org.uk*

OUR DYNAMIC EARTH    [113 D2]

Das Wissenschaftsmuseum in einer riesigen Zeltkonstruktion ist besonders für Schulkinder ein Hit. Die Zeitreise beginnt mit dem Urknall vor 14 Mrd. Jahren. Erdbebensimulator, Vulkanausbruchszenario, virtuelle Reisen durch eine Gletscherwelt und zum Mittelpunkt der Erde – erklärt mit knappen Kommentaren. Im Zukunftsteil können globale Szenarien im Klimabereich durchgespielt werden. Die angeschlossene *Earthscape Scotland Gallery* erklärt die Geologie des Landes, wofür man draußen gleich Anschauung hat, weil der Vulkankegel Arthur's Seat nebenan liegt. Die Geologiestunde ist auch als Hommage an den Edinburgher James Hutton (1726–97) zu sehen, der als Begründer der geologischen Wissenschaft gilt. Dem Szenario unterm Zeltdach würde eine Renovierung guttun, aber das ist in Planung. *Nov.–März Mi–So 10–17, April–Juni, Sept., Okt. tgl. 10– 17, Juli, Aug. tgl. 10–18 Uhr | Eintritt £ 9,50, Kinder ab 3 Jahren £ 5,95 | 4 Holyrood Road | www.dynamicearth.co.uk*

> DORFSZENEN UND EINE LITERA-TOUR DURCH DIE GOSSE

Am Flüsschen Leith entlang durch Edinburghs Dörfer oder auf poetischer Schnitzeljagd im Altstadtlabyrinth

Die Spaziergänge sind auf dem hinteren Umschlag und im Cityatlas grün markiert

1 WATER OF LEITH WALKWAY

Edinburgh birgt viele Geheimnisse, wovon der kleine Fluss Leith noch das offensichtlichste ist. Nur kommen nicht viele Besucher auf die Idee, seinen versteckten Windungen durch das dörfliche Edinburgh zu folgen. Tun Sie's! Steigen Sie hinab in den kleinen, baumbestandenen Canyon, durchwandern Sie das dörfliche Dean Village – und das geschäftige Treiben auf der Royal Mile und das Castle verschwinden wie ein Spuk. Der gesamte Weg ist rund 20 km lang, kann aber an vielen Stellen der Strecke unterbrochen werden.

Wenn Sie in der Neustadt wohnen, laufen Sie Richtung Circus Place zur Kerr Street, sonst nehmen Sie einen *Bus (24, 29)* dorthin. Der Leith versteckt sich einen Steinwurf weiter unter der Kerr-Street-Brücke. Bevor Sie aber über Treppen zum Gewässer hinuntersteigen, sollten Sie sich einen

Bild: Stockbridge

STADT
SPAZIERGÄNGE

Abstecher nach Stockbridge erlauben. Die Kerr Street mündet nach wenigen Schritten in den Raeburn Place, (S. 45) eine Straße mit vielen kleinen Geschäften. Ein alter Barbierladen, ein Fischgeschäft und Secondhandläden laden zum Schaufensterbummel und Stöbern ein. Dann kehren Sie zum Flüsschen zurück und steigen hinab.

Grün empfängt Sie, schmiedeeiserne Gitter rahmen die Ufer ein, die frequentiert werden von blauen Königsfischervögeln und grauen Reihern. Durch Baumkronen erhaschen Sie Blicke auf alte Villen der Dean Terrace. Nach Süden gewandt, spazieren Sie entlang des Ostufers in Richtung der ausgeschilderten Galerien und stehen nach wenigen Augenblicken überraschend vor dem St Bernhard's Well. Der schöne Tempelbau mit der Figur von Hygeia, der griechischen Göttin der Sauberkeit, stammt von einem großbürgerlichen Mäzen und markiert eine alte Brunnenstätte. Nach wenigen Gehminuten scheinen die schlanken Beine der Dean Bridge geradezu in den Himmel zu wachsen, darunter haben kreative Firmen ihre Büros in ehemaligen Mühlengebäuden eingerichtet. Die Szene erinnert an ein William-Turner-Aquarell. Die Brücke stammt vom schottischen Architekten Thomas Telford (1832) und veranschaulicht elegant Edinburghs abrupte Niveauwechsel.

Hier im Dean Village (S. 45) standen schon vor fast 1000 Jahren Mühlen und Backöfen. Hauswände zeigen die Brotpaddel, mit denen die Brote aus dem Ofen geholt wurden, als Zunftemblem. Der Weg führt nun kurz vom Fluss weg an Mühlsteinen vorbei und entlang der Millers Row durch dörfliche Gassen mit Fachwerkfassaden, dann zurück an den Fluss. Genießen Sie seinen mäandernden Lauf, dann klettern Sie aus dem Canyon zu zwei Galerien hinauf, die einander an der Belford Road gegenüberstehen. Dean Gallery (S. 45) und Scottish National Gallery of Modern Art (S. 47) sind klassizistische Tempelbauten, und da der Eintritt frei ist, sollten Sie die Wanderung für eine Stippvisite sowie Kaffee und Kuchen unterbrechen. Verpassen sollten Sie keinesfalls den schönen Dean Cemetary (S. 45) hinter der Dean Gallery. Hier ist das Grabmal von William Playfair (1759 bis 1823), dessen klassizistische Bauten für den Ruf Edinburghs als „Athen des Nordens" verantwortlich sind.

Vom Friedhof wenden Sie sich nach rechts entlang der Straße Dean Path und gehen weiter in Richtung Stadt. Queensferry Road und Belford Road vereinigen sich zur Queensferry Street, die in das Westende der Princes Street mündet. Auf halbem Weg die Queensferry Street hinab zeigt sich ein wunderbares Beispiel für Edinburghs widerstreitende Architekturstile: Die Melville Street nach rechts hinunter bietet georgianischen Bürgerhausfassaden eine nüchterne Flucht, dahinter reckt sich kontrastierend ein gotisch stilisierter Kirchturm himmelwärts. Links steht eine romanisch-rundliche Hallenkirche am Randolph Place, heute das Nationalarchiv. Nur 200 m weiter stehen Sie am ehrwürdigen Hotel Caledonian Hilton (S. 76) im Westend. Und endlich können Sie auch wieder zum Edinburgh Castle (S. 26) aufblicken. Infos unter *www.wateroleith.org.uk*

2 LITERATUR-TOUR DURCH ALTE GASSEN

In einer Stadt, die 2004 von der Unesco zur ersten Weltstadt der Literatur ernannt wurde, kann man an den Stätten von Poesie und Prosa nicht vorbeigehen. Im Gegenteil, Sie können ihnen auf Schritt und Tritt begegnen, Sie müssen nur durch das Labyrinth alter Gassen – *closes* und *wynds* genannt – laufen, die von der Royal Mile abzweigen. Nehmen Sie sich ein paar Stunden Zeit, um fast 300 Jahre Tatorte der Schriftstellerei abzuschreiten.

Der Spaziergang beginnt oben auf der Royal Mile (S. 33), wo die Ramsay Lane vom Castle Hill abgeht. Ramsay Garden heißen die oktagonalen weißen Gebäudetürme mit schottischen Baronial-Stilelementen aus dem 18. Jh., schön abgesetzt mit roten Sandsteinbändern. Der Poet Allan Ramsay (1686–1758) lebte in den heute noch sehr begehrten Altstadt-Lofts, die

STADTSPAZIERGÄNGE

hoch über den Princes Street Gardens *(S. 42)* thronen und zur Neustadt und zur Meerenge Firth of Forth hinüberschauen. Ramsay war einer der ersten Literaten der schottischen Aufklärungszeit nach der Union mit England 1707. Er gründete 1725 den Schriftstellerzirkel „Easy Club". Man traf sich in Pubs, weshalb auch Ihr literarischer Spaziergang öfter mal durch ein halbes Pint Bier unterbrochen werden sollte.

Zurück auf der Royal Mile, die hier Lawnmarket heißt, passieren Sie ein typisches sechsstöckiges Wohnhaus aus dem 17. Jh., das Gladstone's Land. Es gehört dem National Trust und bietet Einblicke, wie der reiche Händler Gladstone lebte und wer bei ihm zur Miete wohnte. Ein paar Schritte weiter die Mile abwärts liegt der Riddle's Court. Hier lebte David Hume (1711–76), Philosoph, Politökonom, Atheist und Bürgerrechtstheoretiker, Freund des Marktwirtschaftsphilosophen Adam Smith und wichtiger Vordenker Immanuel Kants. Humes Denkmal steht um die Ecke auf der Royal Mile. Gegenüber finden Sie den James Court am Ende einer Gasse. Fünfstöckige, renovierte Wohnhäuser umstehen einen Innenhof, es gibt einen Souterrain-Pub namens Jolly Judge *(7 James Court)*. Der Journalist und Autor James Boswell (1740–95) mietete hier eine Wohnung. Er hatte seine Frau und sein Kind verlassen, um in der Stadt einen Verleger zu finden. Er musste allerdings zu seinem Leidwesen Juristerei betreiben

Begehrtes Wohnen im Achteck: die schicken oktagonalen Türme von Ramsay Garden

und „belohnte" sich mit einem freizügigen Nachtleben dafür. Highlights seiner literarischen Ambitionen waren neben Treffen mit Voltaire und Rousseau besonders die erste Zusammenkunft mit dem berühmtesten Intellektuellen Englands, Samuel Johnson, 1763 in Edinburgh. Der famose Lexikograf – ein Fachmann für Wörterbücher –, Schriftsteller und Kritiker ließ sich dann im August 1773 mit Boswell auf eine mehrmonatige beschwerliche Reise zu den Hebriden ein. <mark>Die Bücher der beiden sind heute noch tolle Lesestücke,</mark> und die Biografie Boswells über den vergötterten Johnson gilt als berühmteste der englischen Literatur (jeweils ins Deutsche übersetzt). Setzen Sie sich in den Jolly Judge und schmökern Sie in Boswells Werk.

Insider Tipp

Es folgt **Lady Stair's Close**, wo der schottische Nationaldichter Robert Burns (1759–96) einen Winter lang hauste. Burns hatte gerade seinen ersten Gedichtband in Scots geschrieben, beeinflusst von dem jungen, hochbegabten Robert Fergusson (1750–74), dessen schreitende Bronzefigur im unteren Teil der Royal Mile steht. Burns führte Altstadttypen wie Marktfrauen und Wirte in die Poesie ein. Kaufen Sie sich in einem Buchladen ein Bändchen Burns'scher Verse in schottischem „Platt", sie sind gar nicht so schwer zu verstehen. In Lady Stair's Close ist den wichtigsten Schriftstellern Edinburghs ein kleines **Museum (S. 36)** gewidmet.

In **Brodie's Close** auf der anderen Mile-Seite zog 1780 Deacon William Brodie ein, der tagsüber Stadtrat war und eine Tischlerei betrieb, sich nachts jedoch so exzessiv dem Edin-burgher Nachtleben hingab, dass er immer knapp bei Kasse war. Also erleichterte er seine Kunden um ihre Reichtümer. Er wurde erwischt und 1788 unter zehntausendfacher Anteilnahme der Bevölkerung an einem Galgen hingerichtet, den er als Tischler Jahre zuvor deutlich effizienter gestaltet hatte. Er starb auf der Mile schräg gegenüber vom Pub, das heute seinen Namen trägt. An der Stelle, wo Brodie baumelte, befand sich das Tollbooth-Gefängnis, heute nur noch durch das sogenannte **Heart of Midlothian (S. 31)** herzförmig im Straßenpflaster markiert. Womit Sie auch über Walter Scott gestolpert wären. Im gleichnamigen Roman verewigte Schottlands historischer Romancier das mittelalterliche Gefängnis und erstand bei seinem Abriss 1817 eine Zellentür als Souvenir. Nur ein paar Meter weiter betreten Sie auf der High Street die **St Giles Cathedral (S.34)**, um zu sehen, wie Edinburgh seinen schottischen Autoren des Gassenlebens die ewige Ehre erweist: Burns hat ein Fenster bekommen, Robert Louis Stevenson (1850–94), der das für Edinburgh nicht untypische Doppelleben von William Brodie in seinem Roman „Dr Jekyll and Mr Hyde" verarbeitete, ist mit einer skulptierten Platte geehrt.

Auf der anderen Straßenseite sollten Sie zwei weitere Gassen nicht auslassen. **Advocate's Close**, aus der man den schönsten ⚜ Ausblick Richtung Neustadt hat und deren Name daran erinnert, dass Stevenson, Scott und Boswell Rechtsanwälte waren. **Mary King's Close** – überbaut und heute unterirdisch – bietet dagegen geführten Einblick, nämlich in

STADTSPAZIERGÄNGE

das Pestjahr 1645. Damals soll die Straße samt Einwohnern zu- und eingemauert worden sein. Neben Gladstone's Land bietet eine Close-Führung bisweilen erschreckende Einblicke in das Leben von bis zu 50000 Altstadtbewohnern auf engstem Raum, die mit Hunger, Dreck und Pest kämpften. *Führungen tgl. alle 20 Minuten, April–Okt. 10–21, Aug. 9–21, Nov.–März 10–17 Uhr | £ 10,50 | www.realmarykingsclose.com).*

Steuern Sie nun das **Cowgate** an, die südliche Mile-Parallele. In der **Guthrie Street** wurde Walter Scott geboren, als diese noch College Wynd hieß. Über die Straße South Bridge blicken Sie in die Gassen der **Infirmary Street**, wo Scott die **Royal High School** besuchte, heute als Universitätsgebäude genutzt. Hier stand auch das Krankenhaus Old Royal Infirmary, in dem der Schriftsteller William Ernest Henley zwei Jahre mit einem amputierten Bein lag. Er wurde zur Vorlage für die Figur des Piraten mit dem Holz-

Die Gedenktafel beweist es: Hier wurden die Abenteuer von Harry Potter niedergeschrieben

bein Long John Silver in Stevensons Roman „Schatzinsel". Um die Ecke, in der 6 a Nicholson Street, ist das *Buffet King Restaurant (zuvor Nicholson's | €)* in dem J. K. Rowling an einem ihrer Harry-Potter-Romane schrieb. Immer wenn ihre Tochter im Kinderwagen schlief, kehrte sie zum Schreiben ein: „Man ließ mich freundlicherweise bei einer Tasse Espresso gewähren. Sie glauben gar nicht, was man in zwei Stunden alles schreiben kann." Edinburgh liebt halt seine Literaten. Weitere Infos: *www.edinburghliterarypubtour.co.uk* oder *www.edinburghbookloverstour.com*

Insider Tipp

EIN TAG IN EDINBURGH

Action pur und einmalige Erlebnisse.
Gehen Sie auf Tour mit unserem Szene-Scout

THE BAKEHOUSE

9:00

Wer *The Bakehouse* betritt, sollte Hunger haben und entscheidungsfreudig sein. Die Auswahl an Sandwiches ist groß, z. B. Bakehouse Chutney mit Brie und grünem Salat. Dazu eine Tasse Tee – *good morning, dear!* **WO?** *32c Broughton Street | Tel. 557 11 57 | www.thebakehousecompany.co.uk*

10:00

PFEIF AUF DEM DUDELSACK

Auf zu *Kilberry Bagpipes!* Der Dudelsackhersteller lässt sich gerne über die Schulter schauen, und man darf selbst ausprobieren, ob man der Sackpfeife einen Ton entlocken kann. Wer Gefallen daran gefunden hat, nimmt sich ein Starter-Kit mit. **WO?** *93 Causewayside | Tel. 668 33 03 | www.kilberry.com*

GET UP!

11:30

Gurte anlegen, einhaken und auf geht's. Bei einem Kletterkurs lernen Sportliche nicht nur die Finessen von Karabiner, Seil und Knoten kennen, sondern auch die besten Tricks für den Weg nach oben. Wer es geschafft hat, kann zu Recht stolz auf sich sein. **WO?** *Edinburgh International Climbing Arena | Ratho, South Platt Hill | Newbridge | Tel. 333 63 33 | www.eica-ratho.com*

13:00

PICKNICK BEI ARTHUR

Ein paar Delikatessen zum Mitnehmen bei *Peckham's* besorgen, dazu eine Decke und los geht's Richtung Arthur's Seat. Das Meer im Rücken, die Burg und Edinburghs zahllose Kirchtürme zu Füßen – auf Arthur's Seat über der Stadt sitzt es sich wahrhaft königlich. Am besten den direkten Weg (Purple Route) nehmen. **WO?** *Purple Route unter www.geowalks.demon.co.uk/iarthurwalks.html| Picknick: Peckham's Filiale in 49 South Clerk Street | Tel. 668 37 37 | www.peckhams.co.uk*

24h

MIT HAIEN SCHWIMMEN

15:00

Verdächtig langsam gleiten die großen Fische durchs Wasser – jetzt allen Mut zusammennehmen. Wie oft hat man schon die Gelegenheit, mit Sandtigerhaien auf Tuchfühlung zu gehen? Die Liebsten können das Spektakel entlang der 112 m langen Scheibe beobachten. **WO?** *Deep Sea World | Battery Quarry, North Queensferry Fife | reservieren unter Tel. 01383/11880 | Kosten: £ 65 mit PADI-Schein, £ 160 ohne PADI-Schein | www.sharkdives.deepseaworld.com*

17:30

AB IN DEN UNTERGRUND

Underground City und *Damnation Alley* führen durch die dunkle Geschichte Edinburghs. Zwischen Mythos und Geschichte verliert man in den Katakomben der Stadt leicht den Überblick. Nur gut, dass der Guide den Weg an die Oberfläche kennt. **WO?** *Black Hart Entertainment | 10 Thirlestane Lane | Tel. 225 90 44 | Kosten: £ 9,50 | www.black hart.uk.com*

SCHICKES DINNER

20:00

Das Restaurant *Tigerlily* hat sich schnell zum Hotspot für Szenegänger gemausert. Die Inneneinrichtung ist von der Glühbirne bis zum Serviettenring durchgestylt, das Menü ein Mix aus asiatischen und traditionell schottischen Gerichten, v. a. Fischgerichte wie Lobster sind sehr zu empfehlen – man gönnt sich ja sonst nichts. **WO?** *125 George Street | Tel. 225 50 05 | www.tigerlilyedinburgh.co.uk*

23:00

HEILIGE TANZHALLEN

Wo die Gläubigen ihre geistlichen Choräle sangen, spielt heute eine andere Musik – auch wenn der Name *Faith Club* an die Geschichte der alten Kirche erinnern soll. Mitten in Old Town gelegen, wird heute zu R 'n' B, Funk und Soul getanzt. **WO?** *207 Cowgate | Eintritt: £ 4-7 | aktuelle Partyinfos unter www.edinburghstagparty.com*

> RASANZ AM CLYDE, ROMANTIK HINTER SCHLOSSMAUERN

Spannendes Kontrastprogramm: Ausflüge nach Glasgow und ins Grenzgebiet zu England, in die Borders

1 VOM INDUSTRIEMOTOR ZUM KULTURMAGNETEN: GLASGOW

[114 A1] ⭐ **Krasser Kontrast zu Edinburgh:** postindustrieller Charme, kreative Kunst- und Musikszene (Franz Ferdinand, Amy McDonald), harter irisch-schottischer Slang, gradlinige Urbanität. Schottlands größte Stadt mit 750 000 Einwohnern liegt am Fluss Clyde und ist in 50 Minuten mit dem Zug von Waverley Station erreichbar, viermal pro Stunde. Ein idealer Tagestrip in eine Metropole mit enorm viel Herz und Leidenschaft.

Ein Schritt aus dem Bahnhof **Queen Street Station,** und das Großstadtkribbeln überfällt Sie. Vielleicht sind Sie verwirrt nach dem ruhigen Tempo in Edinburghs märchenhafter Kulisse. Glasgow wirkt rasant im Vergleich, schon gar nicht wie aus einem Guss. Eher wie ein Puzzle aus architektonisch unterschiedlichsten Stücken. Den spürbaren Drive zieht die Metro-

Bild: Kelvingrove Art Gallery and Museum in Glasgow

AUSFLÜGE & TOUREN

pole aus einer ständigen wirtschaftlichen Veränderung. Die ehemals zweitwichtigste Stadt des britischen Empires hat koloniale und industrielle Höhen hinter sich, genauso wie die Depressionen zwischendurch. Das prägt, genau wie die Reibung zwischen irisch-katholischen Zuwanderern und presbyterianischen Highlandern – beide Kelten –, die vor gut 150 Jahren zum Arbeiten in den Werften in die Stadt kamen. Seit gut 15 Jahren – Glasgow war inzwischen europäische Kulturhauptstadt – hat man sich wieder einmal erfolgreich neu erfunden: vom Schiffsbau zur Dienstleistung, vom Malocher-Slum zur Architektur- und Designmetropole Großbritanniens. Zeitgenössische Kunst, drei Universitäten und Arbeitermentalität koexistieren, dazu kommt die europaweit leidenschaftlichste Rivalität zweier Fußballclubs: der katholischen Celtics und der protestantischen Rangers – keine Chance, je an eine Karte für ein Derby zu kommen.

Den besten Eindruck von Glasgows einstiger Bedeutung bekommt, wer vom Bahnhof ein paar Schritte zum zentralen **George Square** geht und das Renaissance-Rathaus **City Chambers** betritt. Carrara-Marmor und Ailsa-Craig-Granit (aus dem Inselgranit sind auch Curling-Steine) wurden um 1888 drinnen verschwenderisch verbaut. Direkt um die Ecke pulsiert die renovierte **Merchant City** mit etlichen Boutiquen, Bars und Cafés hinter georgianischen Fassaden ehemaliger Industrie- und Handelsimmobilien. Nordwestlich liegt die gotische **Glasgow Cathedral**, daneben die Grabmäler des faszinierenden Friedhofshügels **Necropolis**, auf dem sich im 19. Jh. die reichen Bürger pompös beerdigen ließen. Von hier spannt sich Glasgows proletarischeres East End nach Süden zum **Clyde River**. An dessen Ufer liegen sowohl der schöne alte Park **Glasgow Green** mit dem viktorianischen Glashaus **People's Palace** (mit Stadtgeschichteausstellung) als auch das von Sir Norman Foster entworfene **Clyde Auditorium**, dessen Form an ein Gürteltier erinnert.

Nach Glasgow kommt mancher wegen der beiden so unterschiedlichen Architekturstile von Alexander „Greek" Thomson und Charles Rennie Mackintosh. Baumeister Thomson, der Schottland nie verließ, überzog die Stadt mit zahlreichen griechischen Fassaden und sogar ägyptischen Anspielungen: Etwa 30 seiner Zeugnisse aus der viktorianischen Hochzeit des Bürgertums stehen noch *(www.greekthomson.com)*. Auf dem Weg über die Einkaufsmeile **Sauchiehall Street** in den grünen Westen der City treffen Sie auch auf zwei exquisite Beispiele des schottischen Jugendstils von Mackintosh *(www.crmsociety.com)*. Zunächst finden Sie das **Lighthouse**, einst Tageszeitungsheimat, heute tolles Architektur- und Designzentrum. In der **Renfrew Street** sollten Sie sich Mackintoshs großartige **School of Art** von außen und innen ansehen, ein Gesamtkunstwerk, das auch heute angehende Künstler ausbildet. Im feineren **West End** bietet sich ein Rundgang durch den idyllischen **Kelvingrove Park** an, aus dem die **Kelvingrove Art Gallery and Museum** und die viktorianische **University of Glasgow** hervorstechen. Etwas südlich vom Park lockt *Mother India, das beste indische Restaurant Glasgows* , zum gemütlichen Snack *(28 Westminster Terrace | Tel. 0141/221 16 63 | €€)*. Oder der moderne, leicht schräge Whisky-Pub *Ben Nevis* *(1197 Argyle Street)* zum Hineinschmecken in die Glasgower Kelten-Szene, mittags mit ausgezeichneter Suppe.

2 WO SCOTT SCHOTTLAND ROMANTISIERTE: DIE BORDERS

Ins hügelige Grenzgebiet zu England locken Walter Scotts schlossartige Geschichtenschmiede am River Tweed und Abteiruinen wie aus einem romantischen Bilderbuch. Nehmen Sie für die 150-km-Rundreise einen Mietwagen.

Diese Reise führt ins einst von Schotten und Engländern umkämpfte Grenzland. Die meist lieblich gewellte Landschaft und ein gutes halbes Dutzend Stationen sind voller Überraschungen. Auf dem Weg ins geschäftige Städtchen **Peebles** (33 km) halten

Der Kinothriller „Der Da Vinci Code" machte die Rosslyn Chapel endgültig berühmt

Sie nach gut 10 km in **Roslin** an, wo Sie unbedingt die grandiose *Rosslyn Chapel* (www.rosslynchapel.org.uk) anschauen sollten. Die überreichen Steinmetzarbeiten im Inneren sind legendär, außerdem war die Kirche aus dem 15. Jh. in der Verfilmung des Verschwörungsschmökers „Der Da Vinci Code" zu sehen.

Das schöne Zentrum von **Peebles** lädt zu einem Rundgang ein, danach geht es weiter nach Südosten, bis Sie nach 25 km **Abbotsford House** (1827) zwischen Galashiels und Melrose erreichen. In der verspielten, türmchenbewehrten „Romanze in Stein und Mörtel" (Scott) schuf sich Walter Scott ein Reich aus schottischen Reliquien, etwa das Schwert des zu Filmruhm gelangten Helden Rob Roy. In einem Netz aus Andenken saß der Vielschreiber und erschuf in Eigenregie die romantische Legendenhistorie Schottlands. Von Abbotsford House am lieblichen Fluss Tweed fahren Sie weiter ins nahe **Melrose**, das schönste Städtchen der Borders mit der Ruine des Zisterzienserklosters von **Melrose Abbey** (1136), in der angeblich das Herz des frühen Helden Robert the Bruce aufbewahrt wird. Etwas außerhalb des Orts liegt der idyllische **Scott's View**, wo der Romancier gern aus 181 m Höhe auf die Borders herunterschaute. Nur knapp 10 km weiter liegen die weitläufigen Ruinen des frühgotischen Prämonstratenserklosters **Dryburgh Abbey**, wo Walter Scott unter Zedern begraben liegt. Wieder nur ein paar Kilometer weiter liegt das Städtchen **Kelso** mit der **Kelso Abbey** (ebenfalls 12. Jh.). Nur Turm und Querschiff künden von der einst größten Borders-Abtei im Grenzland. Eine Meile entfernt sollten Sie keinesfalls das schlossartige Landhaus **Floors Castle** verpassen, Schottlands größtes bewohntes Schloss – perfekter Abschluss eines romantischen Tags in den Borders.

> VON ANREISE BIS ZOLL

Urlaub von Anfang bis Ende: die wichtigsten Adressen und Information für Ihre Edinburgh-Reise

■ ANREISE

FLUGZEUG

Direktflüge nach Edinburgh: *Ryan Air (www.ryanair.com)* von Altenburg/ Leipzig, Weeze/Düsseldorf, Berlin-Schönefeld, Bremen, Hahn/Frankfurt; *Jet (www.jet2.com)* von Düsseldorf; *Germanwings (www.germanwings.com)* von Köln-Bonn; *Lufthansa (www.lufthansa.com)* von Frankfurt/Main; *Easyjet (www.easyjet.com)* von München; *BMI (www.flybmi.m)* von Zürich. *British Airways (www.britishairways.com)* fliegt von London-Gatwick, -Heathrow und -City, *Easyjet* von Luton und Stansted.

Edinburgh Airport *(www.edinburghairport.com)* liegt etwa 12 km westlich der Innenstadt. Die Fahrt mit einem Bus in die Stadt zur Princes Street und Waverley Station dauert etwa eine halbe Stunde. *Airlink 100* startet alle 10–20 Minuten von Busstand 19 für £ 3,50, der Nachtbus *N22* fährt zwischen 0.47 und 4.13 Uhr in die Stadt und bis Leith für £ 3, Kleinbusse starten am Parkplatz und bringen Sie für £ 10 direkt vor die Haustür in der Stadt.

Am preiswertesten ist der Linienbus 35 *(www.lothianbuses.com)* ab Stand 21 für £ 1,20 Euro. Hier lohnt sich schon ein Tagesticket für £ 3, wenn Sie am selben Tag noch mal den Bus benutzen wollen. Ein Taxi in die Stadt ab etwa £ 18 lohnt sich dann,

PRAKTISCHE HINWEISE

wenn Sie mit mehreren Personen unterwegs sind.

BAHN

Vom Bahnhof London-Kings Cross *(www.nationalexpresseastcoast.com)* verkehrt mindestens einmal pro Stunde ein durchgehender Zug nach Edinburgh. Die Fahrzeit liegt meist bei etwa 4,5 Stunden, Ticketpreise zwischen £ 13 und £ 175.

SCHIFF

Zwischen Zeebrugge in Belgien und Rosyth bei Edinburgh verkehren Autofähren *(Mo, Mi, Fr 18 Uhr von Zeebrugge, Ankunft Rosyth 13 Uhr | Di, Do, Sa 17 Uhr von Rosyth, Ankunft Zeebrugge 14 Uhr)*. Die Kosten für ein Fahrzeug (bis 6 m Länge bis 2,40 m Höhe) inklusive einer Vier-Personen-Kabine betragen zwischen 370 Euro (590 Euro mit Rückfahrt) im Winter und 550 Euro (885 Euro mit Rückfahrt) vom 25. Juni–6. Sept. Im bequemen *reclining chair* kostet die einfache Fahrt zwischen 65 (105 m. R.) und 100 (160 m. R.) Euro. Motorräder: zwischen 35 und 50 Euro (60 und 80 m. R.); *www.norfolkline.com*.

■ AUSKUNFT IN EDINBURGH ■

EDINBURGH & SCOTLAND INFORMATION CENTRE

3 Princes Street | Tel. 0845/225 51 21; Airport Tourist Information Desk | Flughafen | Tel. 0870/040 00 07

■ DIPLOMATISCHE VERTRETUNGEN

GENERALKONSULAT DER BUNDESREPUBLIK DEUTSCHLAND

16 Eglinton Crescent | Edinburgh EH12 5DG | Tel. 337 23 23 | www. edinburgh.diplo.de

ÖSTERREICHISCHES KONSULAT

Alderwood, 49 Craigrook Road | Edinburgh EH4 3PH | Tel. 332 33 44

SCHWEIZER GENERALKONSULAT

66 Hanover Street | Edinburgh EH2 1HA | Tel. 226 56 60

■ EDINBURGH PASS ■

Am *Tourist Information Centre* im Flughafen und in der Stadt *(3 Princes Street)* oder aber bereits vorab im Internet *(www.edinburghpass.com)* können Sie den Edinburgh Pass kaufen. Er besteht aus einem 100-Seiten-Heftchen mit Stadtkarte, Busplan, Discountangeboten für viele Attraktionen, Cafés und Restaurants, der personalisierten Passkarte und einer Busfahrkarte, auf der Sie das Datum freikratzen müssen. Mit diesem Heftchen sind Sie sehr gut für einen Tag (£ 24), zwei (£ 36) oder drei Tage (£ 48) gerüstet. Kinder zwischen 5 und 15 Jahren in Begleitung Erwachsener zahlen £ 16, £ 24 oder £ 32.

■ EINREISE ■

Für die Einreise nach Schottland reichen für Deutsche, Österreicher

und Schweizer der gültige Personal-
ausweis oder Reisepass.

GELD & KREDITKARTEN

An Bankautomaten können Sie mit
Ihrer EC-Karte bei der Ankunft am
Flughafen und an vielen anderen
Stellen in der Stadt ganz bequem
Geld abheben. Die üblichen Kredit-
karten werden in Shops, Hotels und
Restaurants und in den meisten Pubs
akzeptiert. Die Schalter der Banken
sind *Mo–Fr 9–16.45 Uhr* geöffnet.
An den *bank holidays* sind die Geld-
institute geschlossen.

GEPÄCKAUFBEWAHRUNG

Am Flughafen, dem Zentralbahnhof
Waverley Station und dem Busbahnhof St Andrew Square.

GESUNDHEIT

In den Krankenhäusern des *National
Health Service (NHS)* und bei den
meisten Ärzten wird die Europäische
Versicherungskarte Ihrer Kranken-
kasse akzeptiert. In Sonderfällen müssen Sie zunächst bezahlen und zu
Hause die Rechnung bei der Kranken-
kasse einreichen.

INTERNET

Visit Britain hat die Beratung völlig
auf online umgestellt. Deshalb ist für
Deutsche, Österreicher und Schweizer,
die Webseite von Edinburgh zu emp-
fehlen: *www.edinburgh.org*. Hier
können auch Unterkünfte gebucht
werden (auch: *www.guide.visitscot-
land.com*).Ebenfalls informativ sind:
www.edinburgh.com, *www.edinburgh
guide.com*. Veranstaltungshinweise
für die Stadt finden sich in der
Onlineausgabe der Tageszeitung The
Sotsman *(www.thescotsman.scots
man.com)*, beim Veranstaltungsführer
The List *(www.list.co.uk)*, dem lan-
desweiten Portal *www.ticketmaster.
co.uk* (Edinburgh ins Suchfeld ein-
tippen), bei *www.eventsedinburgh.
co.uk* und *www.edinburghfestivals.
co.uk*, Infos zu Livekonzerten unter
www.gigguide.co.uk. Interessantes
über die Architektur der schottischen

> DIE REGELN DES SPIELS
Hearts, Hibs und Rugby – eine Frage der Ehre

Fußball hat es in der Hauptstadt schwe-
rer als in Glasgow, denn die beiden über
130 Jahre alten Edinburgher Clubs *Heart
of Midlothian* und *Hibernian* - genannt
Hearts und Hibs – entfachen einfach
nicht die Leidenschaft, wie es Celtic und
Rangers dort vermögen. Wie in Glasgow
hat die Gefolgschaft mit Konfession zu
tun: Hibs sind katholisch wie Celtic,
Hearts protestantisch wie Rangers.
Tickets für die Spiele der beiden Haupt-
stadtvereine kosten ab £ 160, Fans
sollten im Internet vorbuchen, etwa bei
www.euroteam.net. Hier gibt's auch
Karten für die Spiele der schottischen
Rugbynationalmannschaft, ein Sport, der
tief in der kämpferischen Volksseele
verankert ist. Das schottische Team trägt
seine Heimspiele im Frühjahr während
des Six-Nations-Turniers aus, einer Art
EM der Rugby Union. Karten für die Spiele
des Rugbyteams von Edinburgh sind
allerdings leichter zu bekommen
(www.scottishrugby.org).

PRAKTISCHE HINWEISE

Metropole wird unter *www.edinburg-harchitecture.co.uk* aufgeführt, Edinburghs heutige Literaten treffen sich auf *www.edinburghwriters.com*. Wettervorhersagen unter: *http://uk.weather.com*.

■ MASSE & GEWICHTE

Offiziell misst man in Edinburgh (und ganz Großbritannien) wie auch bei uns im metrischen und dezimalen System, aber die sogenannten Imperial Standards werden im Alltag nach wie vor benutzt: 1 Inch = 2,54 cm; 1 Foot = 30,48 cm; 1 Yard = 91,44 cm; 1 Meile = 1,609 km; 1 Ounce = 28,35 g; 1 Pound = 453,59 g; 1 Pint = 0,5683 l; 1 Gallon = 4,5459 l.

■ NOTRUF

Polizei, Feuerwehr, Krankenwagen: *Tel. 999*

■ ÖFFENTLICHE VERKEHRSMITTEL

Das Busnetz (*www.lothianbuses.com*) ist ausgezeichnet. Ein Einzelfahrschein kostet £ 1,20, ein Tagesticket £ 3. Allerdings ist die Stadt klein, und die Distanzen innerhalb Old Town, New Town, Dean Village und Stockbridge sind gut zu Fuß zurückzulegen. Ab etwa 2011 wird es wieder Straßenbahnen in Edinburgh geben, die den Flughafen mit Leith verbinden und die Princes Street befahren sollen. Höhenunterschiede etwa in Nord-Süd-Richtung erlauben kein flächendeckendes Straßenbahnnetz.

■ POST

Öffnungszeiten für Postämter sind *Mo–Fr 9–17.30, Sa 9–12 Uhr*. Einzelne Marken bekommen Sie bei Postämtern (*40 Frederick Street | New Town; 46 St Mary's Street | Old Town*), Heftchen mit mehr Marken auch in Geschäften mit dem Zeichen für Royal Mail. Auf eine Postkarte kommt eine 56-Pence-Marke.

■ SICHERHEIT

Edinburgh ist ein ziemlich sicheres Pflaster, auch am Abend. Die typischen Ausgehgegenden um das Cowgate und Tollcross sind an Wochenenden abends immer sehr lebhaft, und man muss mit ausgelassenen Betrunkenen rechnen.

■ STROM

220–240 Volt Wechselstrom. Den Adapter für dreipolige Stecker kann man auch vor Ort kaufen oder an der Hotelrezeption erbitten.

■ TELEFON & HANDY

Auslandsvorwahl aus Schottland: Deutschland 0049, Österreich 0043,

▶ WAS KOSTET WIE VIEL?

> BIER	AB 3 EURO	für ein Pint
> BUS	1,35 EURO	für eine Strecke
> FISH 'N' CHIPS	AB 4,50 EURO	für eine Take-away-Portion
> KAFFEE	AB 2,20 EURO	für eine Tasse
> WHISKY	AB 20 EURO	für eine Flasche
> KINOKARTE	AB 8 EURO	für eine Karte

Schweiz 0041. Edinburgh hat die Vorwahl 0131. Bei Anrufen aus dem Ausland wählen Sie 0044 (Großbritannien) 131. Mobilnummern begin-

Kult aus Vor-Handy-Zeiten: Telefonzellen

nen mit 077, 078, 079. 0800-, 0808-Nummern sind kostenfrei, teure Nummern beginnen mit 09. Viele Telefonzellen können mit Kreditkarte benutzt werden, ansonsten verkaufen Geschäfte mit dem BT-Symbol Telefonkarten. In Sachen Handy erkundigen Sie sich bei Ihrem Anbieter über den für Sie günstigsten Roamingpartner. Mit einer schottischen Prepaidkarte entfallen die Gebühren für ankommende Anrufe. Prepaidkarten wie die von GlobalSim (*www.globalsim.net*) oder Globilo (*www.globilo.de*) sind zwar teuer, sparen aber alle Roaminggebühren. Vorteil: Sie bekommen schon zu Hause Ihre neue Rufnummer und können Sie anderen mitteilen. SMS ist die günstigste Art der Kommunikation. Schalten Sie schon daheim Ihre Mobilbox ab, da sie im Ausland hohe Kosten verursacht.

◼ TRINKGELD ◼

Tringeld ist durchaus üblich im Taxi und Restaurant. Runden Sie um etwa 10 Prozent auf. Ist auf der Restaurantrechnung oder der Speisekarte *service charge included* vermerkt, dann ist das Trinkgeld bereits enthalten und Sie müssen nichts zusätzlich geben. In Pubs ist *tipping* unüblich .

◼ WÄHRUNG ◼

In Edinburgh wird in Pfund (GBP) bezahlt, unterteilt in 100 Pence. In

WETTER IN EDINBURGH

Jan.	Feb.	März	April	Mai	Juni	Juli	Aug.	Sept.	Okt.	Nov.	Dez.
5	6	8	11	14	17	18	18	16	12	9	7
Tagestemperaturen in °C											
1	1	2	4	6	9	11	11	9	7	4	2
Nachttemperaturen in °C											
2	3	2	5	6	6	5	5	4	3	2	2
Sonnenschein Std./Tag											
17	15	15	14	14	15	17	16	16	17	17	18
Niederschlag Tage/Monat											

PRAKTISCHE HINWEISE

Schottland sieht das Papiergeld anders aus als im übrigen Großbritannien, hat aber denselben Gegenwert. Am Flughafen können Sie die schottischen Banknoten in englische Pfund (oder Euro) umtauschen. In England könnten Sie mit diesen Noten nicht bezahlen, umgekehrt funktioniert das.

▉ WETTER ▉

„Auld Reekie" – Alte Verräucherte – nannten die Schotten früher Edinburgh. Die dicke Luft quoll bis vor 50 Jahren aus den zahllosen Hochhaus-Kaminen. Dagegen ist Edinburgh heute fast ein Luftkurort mit oft dramatischen, wolkengerahmten Fernsichten auf die Nordsee von seinen vulkanischen Höhen. Von April bis September zieht manchmal Nebel in die Stadt – „Haar" genannt –, der aus Warmluft über der kalten Nordsee kondensiert. Im Winter ist die Stadt eine Reise wert, weil das tiefstehende Sonnenlicht an guten Tagen besonders der Altstadt ein dramatisches Gepräge gibt.

▉ WLAN ▉

Edinburgh ist inzwischen gut vernetzt. Wer sein Laptop oder sein internetfähiges Handy mitbringt, wird in fast allen Hotels und in immer mehr Bed & Breakfast-Pensionen über WLAN (meist) kostenlos ins Internet kommen. Viele Hotels haben einen Computerplatz in der Lobby oder ein Business-Centre. Wer außerhalb dieser Optionen surfen möchte, kann das in Internetcafés tun: *Edinburgh Internet Café (tgl. 10–23 Uhr | 98 West Bow | Old Town)*; *Easyinternetcafé (tgl. 7.30–22.30 Uhr | 58 Rose Street | New Town)*.

▉ ZEIT ▉

Wenn Sie nach Edinburgh reisen, müssen Sie Ihre Uhr um eine Stunde zurückstellen. Die Sommerzeit ist dieselbe wie im kontinentalen Europa.

WÄHRUNGSRECHNER

€	GBP	GBP	€
1	0,90	1	1,10
5	4,60	5	5,50
7	6,40	7	7,70
15	13,70	15	16,40
25	22,50	25	27,35
30	27,40	30	32,80
40	36,60	40	43,80
60	54,80	60	65,60
75	68,50	75	82,00

▉ ZEITUNGEN & MAGAZINE ▉

Die führende Hauptstadtzeitung ist The Scotsman *(www.thescotsman. scotsman.com)*. Führende deutsche Tageszeitungen sind ebenfalls erhältlich, wenn auch nicht immer am gleichen Tag. Jeden zweiten Donnerstag kommt der sehr gute Veranstaltungsführer The List *(www.list.co.uk)* heraus. Die Fans populärer Musik werden das Magazin Is this Music *(www.isthismusic.com)* mögen. Über die aktuellen Vorgänge in der Literaturszene lesen Sie vierteljährlich im Chapman *(www.chapman-pub.co.uk)*.

▉ ZOLL ▉

Waren für den Eigenverbrauch dürfen in der EU frei ein- und ausgeführt werden. Schweizer können zollfrei bis zu folgenden Obergrenzen einkaufen: 200 Zigaretten oder 250 g Tabak, 2 l Wein und 1 l Spirituosen, 60 g Parfum. Für andere Güter gilt eine zollfreie Obergrenze von 145 Pfund.

„Sprichst du Englisch?" Dieser Sprachführer hilft Ihnen, die wichtigsten Wörter und Sätze auf Englisch zu sagen

Aussprache

Zur Erleichterung der Aussprache sind alle englischen Wörter mit einer einfachen Aussprache (in eckigen Klammern) versehen. Folgende Zeichen sind Sonderzeichen:

ə   nur angedeutetes „e" wie in bitte
θ   [s] gesprochen mit der Zungenspitze zwischen den Zähnen
'   die nachfolgende Silbe wird betont

■ AUF EINEN BLICK ■

Ja/Nein	Yes [jäs]/No [nəu]
Bitte/Danke	Please [plihs]/Thank you ['θänkju]
Gern geschehen.	You're welcome. [joh 'wälkəm]
Entschuldigung!	I'm sorry! [aim 'sori]
Wie bitte?	Pardon? ['pahdn]
Ich verstehe Sie/dich nicht.	I don't understand. [ai dəunt andə'ständ]
Können Sie mir bitte helfen?	Can you help me, please? ['kən ju 'hälp mi plihs]
Guten Tag!	Good morning!/afternoon!/evening! [gud 'mohning/ahftə'nuhn/'ihwning]
Hallo! Grüß dich!	Hello! [hə'ləu]/Hi! [hai]
Wie ist Ihr/dein Name?	What's your name? [wots joh 'näim]
Mein Name ist …	My name is … [mai näim is]
Ich komme aus …	I'm from … [aim frəm]
… Deutschland.	… Germany. ['dschöhməni]
… Österreich.	… Austria. ['ohstriə]
… der Schweiz.	… Switzerland. ['switsələnd]
Auf Wiedersehen!	Goodbye! [ˌgud'bai]/Bye-bye! [ˌbai'bai]
Tschüss!	See you! [sih ju]/Bye! [bai]
Hilfe!	Help! [hälp]
Rufen Sie bitte …	Please call … ['plihs 'kohl]
… einen Krankenwagen.	… an ambulance. [ən 'ämbjuləns]
… die Polizei.	… the police. [θə pə'lihs]

■ UNTERWEGS ■

Bitte, wo ist …	Excuse me, where's … [iks'kjuhs 'mih 'weəs]
… der Bahnhof?	… the station? [θə 'stäischn]

SPRACHFÜHRER ENGLISCH

… der Flughafen? … the airport? [θə ˈeəpoht]

… die Haltestelle? … the stop? [θə stɒp]

… der Taxistand? … the taxi rank? [θə ˈtäksiränk]

Bus/Fähre/Zug — bus [bas]/ferry [ˈfäri]/train [träin]

Wo kann ich einen Fahrschein kaufen? — Where can I buy a ticket? [ˈweə kən ai bai ə ˈtikit]

Können Sie mir bitte sagen, wie ich nach … komme? — Could you tell me how to get to …, please? [ˈkud ju ˈtäl me hau tə gät tə … plihs]

Gehen Sie geradeaus. — Go straight on. [gəu sträit ˈon]

Gehen Sie nach links/rechts. — Turn left/right. [töhn ˈläft/ˈrait]

Erste/Zweite Straße links/rechts. — The first/second street on the left/right. [θə ˈföhst/ˈsäknd striht on θə ˈläft/ˈrait]

nah/weit — near [niə]/far [fah]

Überqueren Sie … — Cross … [ˈkros]

… die Brücke. … the bridge. [θə ˈbridsch]

… den Platz. … the square. [θə ˈskweə]

… die Straße. … the street. [θə ˈstriht]

Ich möchte … mieten. — I'd like to hire … [aid ˈlaik tə ˈhaiə]

… ein Auto … … a car. [ə ˈkah]

… ein Fahrrad … … a bike. [ə ˈbaik]

… ein Boot … … a boat. [ə ˈbəut]

offen/geschlossen — open [ˈəupn]/closed [kləusd]

drücken/ziehen — push [pusch]/pull [pull]

Eingang/Ausgang — entrance [ˈäntrəns]/exit [ˈägsit]

Wo sind bitte die Toiletten? — Where are the restrooms, please? [ˈweərə θə ˈrestruhms plihs]

Damen/Herren — Ladies [ˈläidies]/ Gentlemen [ˈdschäntlmən]

◼ SEHENSWERTES ◼

Wann ist das Museum geöffnet? — When's the museum open? [ˈwäns θə mjuˈsiəm ˈəupn]

Wann beginnt die Führung? — When does the tour start? [ˈwän das θə ˈtuə ˈstaht]

Ausstellung — exhibition [ˌäksiˈbischn]

Kirche — church [tschöhtsch]

Palast — palace [ˈpälis]

Rathaus — town hall [ˈtaun ˈhohl]

| Stadtplan | town map ['taun 'mäp] |
| Stadtzentrum | city ['siti]/town centre ['taun 'säntə] |

■ DATUMS- & ZEITANGABEN ■

Montag	Monday ['mandäi]
Dienstag	Tuesday ['tjuhsdäi]
Mittwoch	Wednesday ['wänsdäi]
Donnerstag	Thursday ['θöhsdäi]
Freitag	Friday ['fraidäi]
Samstag	Saturday ['sätədäi]
Sonntag	Sunday ['sandäi]
heute/morgen	today [tə'däi]/tomorrow [tə'morəu]
täglich	every day ['äwri 'däi]/daily ['däili]
Wie viel Uhr ist es?	What time is it? [wot 'taim_is_it]

■ ESSEN & TRINKEN ■

Die Speisekarte, bitte.	May I have the menu, please. ['mäi ai häw θə 'mänjuh plihs]
Ich nehme …	I'll have … [ail häw]
Bitte ein Glas …	A glass of …, please [ə 'glahs_əw … plihs]
Messer/Gabel/Löffel	knife [naif]/fork ['fohk]/spoon ['spuhn]
Vorspeise	hors d'œuvre [oh'döhwr]/starter ['stahtə]
Hauptgericht	main course ['mäin 'kohs]
Nachspeise	dessert [di'söht]
Salz/Pfeffer	salt [sohlt]/pepper ['päpə]
scharf	hot [hot]
Ich bin Vegetarier/in.	I'm a vegetarian. [aim a ,wädschi'teəriən]
Trinkgeld	tip [tip]
Die Rechnung, bitte.	May I have the bill, please? ['mäi ai häw θə 'bil plihs]

■ EINKAUFEN ■

Wo finde ich …	Where can I find … ['weə 'kən_ai 'faind]
… eine Apotheke?	… a chemist? [ə 'kämist]
… eine Bäckerei?	… a bakery? [ə bäikəri]
… ein Lebensmittelgeschäft?-	… a food store? [ə 'fuhd stoh]
… einen Markt?	… a market? [ə 'mahkit]
Haben Sie …?	Have you got …? ['həw ju got]
Ich möchte …	I'd like … [aid 'laik]
Eine Einkaufstüte, bitte.	A bag, please. [ə bäg plihs]

SPRACHFÜHRER

Das gefällt mir (nicht). | I (don't) like it. [ai (dəunt) laik_it]
Wie viel kostet es? | How much is it? ['hau 'matsch is it]
Nehmen Sie Kreditkarten? | Do you take credit cards?
[du_ju täik 'kräditkahds]

■ ÜBERNACHTEN

Ich habe bei Ihnen ein | I've reserved a room.
Zimmer reserviert. | [aiw ri'söhwd_ə 'ruhm]
Haben Sie noch Zimmer frei? | Have you got any vacancies?
[həw ju got_ˌäni 'wäikənsis]

ein Einzelzimmer | a single room [ə 'singl ruhm]
ein Doppelzimmer | a double room [ə 'dabl ruhm]
mit Dusche/Bad | with a shower/bath
[wiθ ə 'schauə/'bahθ]

Was kostet das Zimmer? | How much is the room?
['hau 'matsch is θə ruhm]

Frühstück | breakfast ['bräkfəst]
Halbpension/Vollpension | half/full board ['hahf/'ful bohd]/

■ PRAKTISCHE INFORMATIONEN

Können Sie mir einen | Can you recommend a doctor?
Arzt empfehlen? | [kən ju ˌräkə'mänd ə 'doktə]
Ich habe hier Schmerzen. | I've got pain here. [aiw got päin 'hiə]
Kinderarzt | pediatrician [ˌpihdiə'trischn]
Zahnarzt | dentist ['däntist]
Eine Briefmarke, bitte. | One stamp, please. [wan stämp 'plihs]
Postkarte | postcard [pəuskahd]
Wo ist bitte … | Where's … , please? ['weəs … plihs]
… die nächste Bank? | … the nearest bank …
[θə 'niərist 'bänk]

… der nächste Geldautomat? | … the nearest cashpoint …
[θə 'niərist 'käschpoint]

■ ZAHLEN

1	one [wan]	11	eleven [i'läwn]
2	two [tuh]	12	twelve [twälw]
3	three [θrih]	20	twenty ['twänti]
4	four [foh]	50	fifty ['fifti]
5	five [faiw]	100	a (one) hundred [ə ('wan) 'handrəd]
6	six [siks]	200	two hundred ['tuh 'handrəd]
7	seven ['säwn]	500	five hundred ['faiw 'handrəd]
8	eight [äit]	1000	a (one) thousand [ə ('wan) 'θausənd]
9	nine [nain]	1/2	a half [ə 'hahf]
10	ten [tän]	1/4	a (one) quarter [ə ('wan) 'kwohtə]

New Town mit Princes Street Gardens

> UNTERWEGS IN EDINBURGH

Die Seiteneinteilung für den Reiseatlas finden Sie auf dem hinteren Umschlag dieses Reiseführers

CITY ATLAS

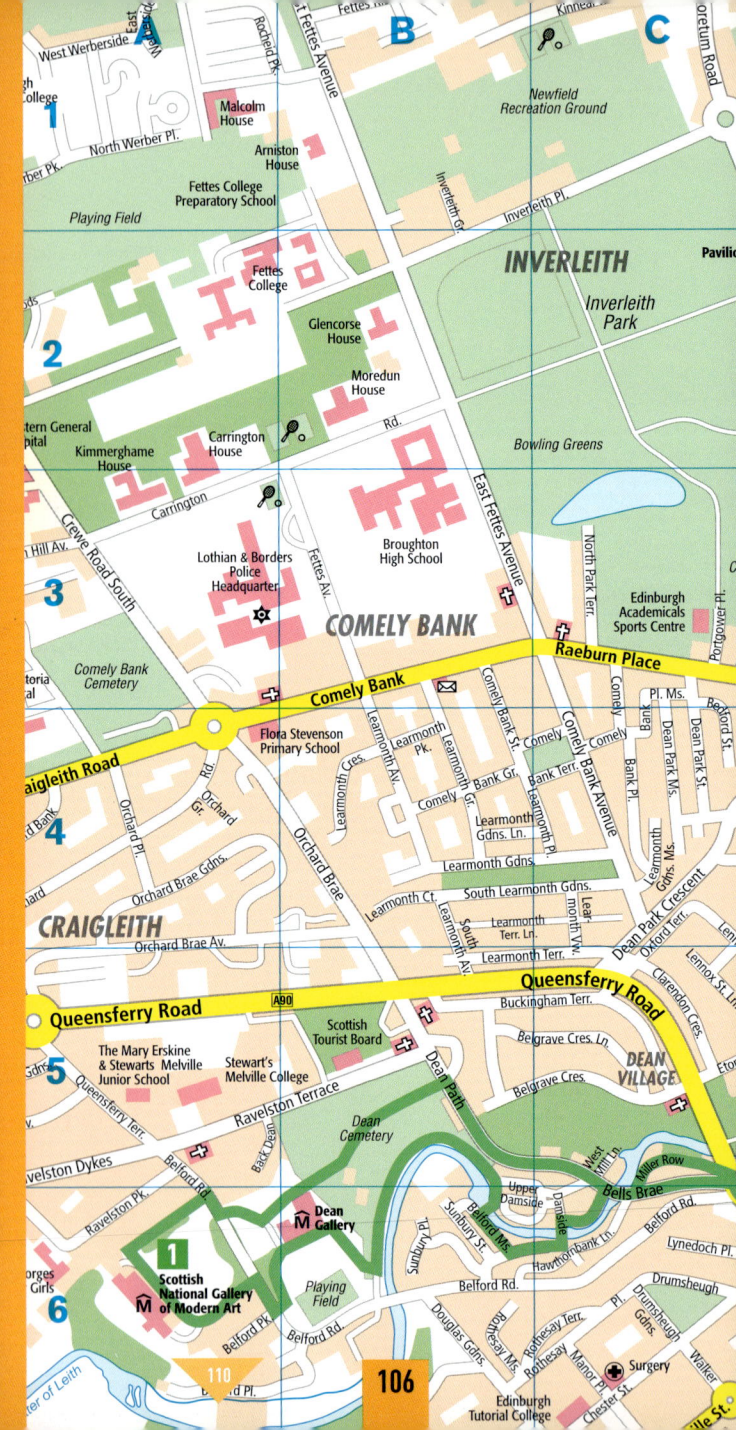

A East | **B** Kinneal... | **C** ...retum Road

West Werberside
North Werber Pl.
...gh College
West Werber Pk.

Malcolm House
Arniston House
Fettes College Preparatory School

Newfield Recreation Ground

Pavilio...

Playing Field

1

INVERLEITH

Inverleith Pl.
Inverleith Gr.

Fettes College

Glencorse House

Inverleith Park

Moredun House

2

...stern General ...pital

Kimmerghame House

Carrington House

Rd.

Bowling Greens

Carrington

Cr...

Crewe Road South

Fettes Av.

East Fettes Avenue

North Park Terr.

...n Hill Av.

Lothian & Borders Police Headquarter

Broughton High School

Edinburgh Academicals Sports Centre

Portgower Pl.

3

...ctoria ...al

Comely Bank Cemetery

COMELY BANK

Raeburn Place

Pl. Ms.
Belford St.

Comely Bank

Comely Bank St.
Comely Bank Gr.
Comely Bank Row

Comely Bank Terr.
Comely Bank Avenue

Dean Park St.
Dean Park Ms.
Dean Park Pl.

Flora Stevenson Primary School

Learmonth Pk.

Learmonth Gr.

Craigleith Road

Orchard Rd.
Orchard Gr.
Orchard Pl.

Learmonth Cres.

Learmonth Av.

Learmonth Bank Gr.

Learmonth Gdns. Ln.

Learmonth Gdns. Ms.
Dean Park Crescent
Oxford Terr.

4

...d Bank

Orchard Brae Gdns.

Orchard Brae

Learmonth Gdns.

South Learmonth Gdns.

Learmonth Ct.

South Learmonth Av.

Learmonth Terr. Ln.

Lear...month Vw.

Clarendon Cres.

Lennox St. Ln.
Lenn...

CRAIGLEITH

Orchard Brae Av.

Learmonth Terr.

Dean Park Crescent

Oxford Terr.

Lennox Cres.

Etor...

Queensferry Road

A90

Queensferry Road

Buckingham Terr.

5

The Mary Erskine & Stewarts Melville Junior School

Stewart's Melville College

Scottish Tourist Board

Belgrave Cres. Ln.
Belgrave Cres.

DEAN VILLAGE

...ds

Queensferry Terr.

Ravelston Terrace

Dean Path

Dean Cemetery

West Mill Ln.
Miller Row
Bells Brae

Belford Rd.
Lynedoch Pl.

...velston Dykes

Ravelston Pk.

Belford Rd.

Upper Damside

Damside

Drumsheugh

6

...orges Girls

1

Scottish National Gallery of Modern Art

Dean Gallery

Playing Field

Belford Pk.

Belford Rd.

Sunbury Pl.
Sunbury St.
Belford Ms.

Hawthornbank Ln.

Douglas Gdns.
Rothesay Ms.
Rothesay Terr.
Rothesay Pl.

Manor Pl.
Chester St.

Drumsheugh Gdns.
Walker ...
...lle St.

Surgery

...er of Leith

110

106

Belford Pl.

Edinburgh Tutorial College

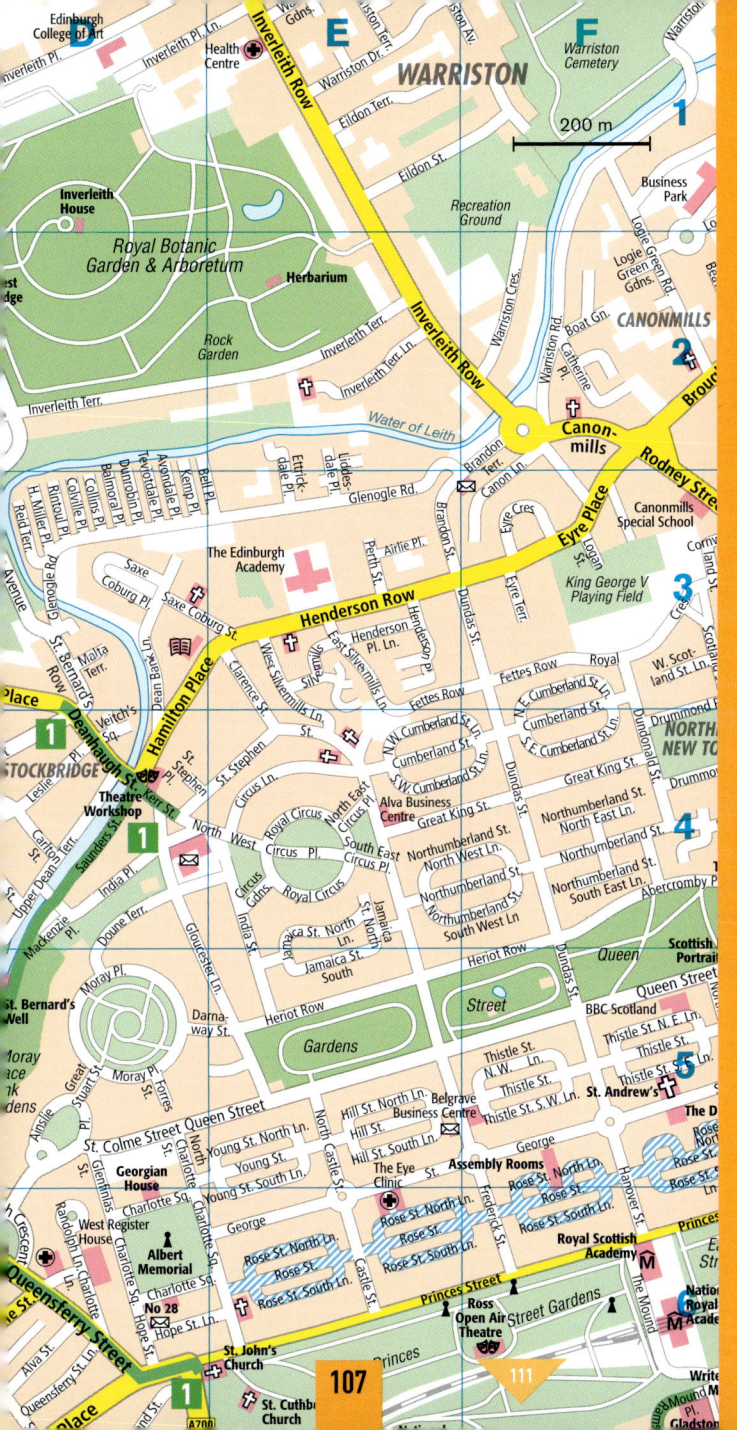

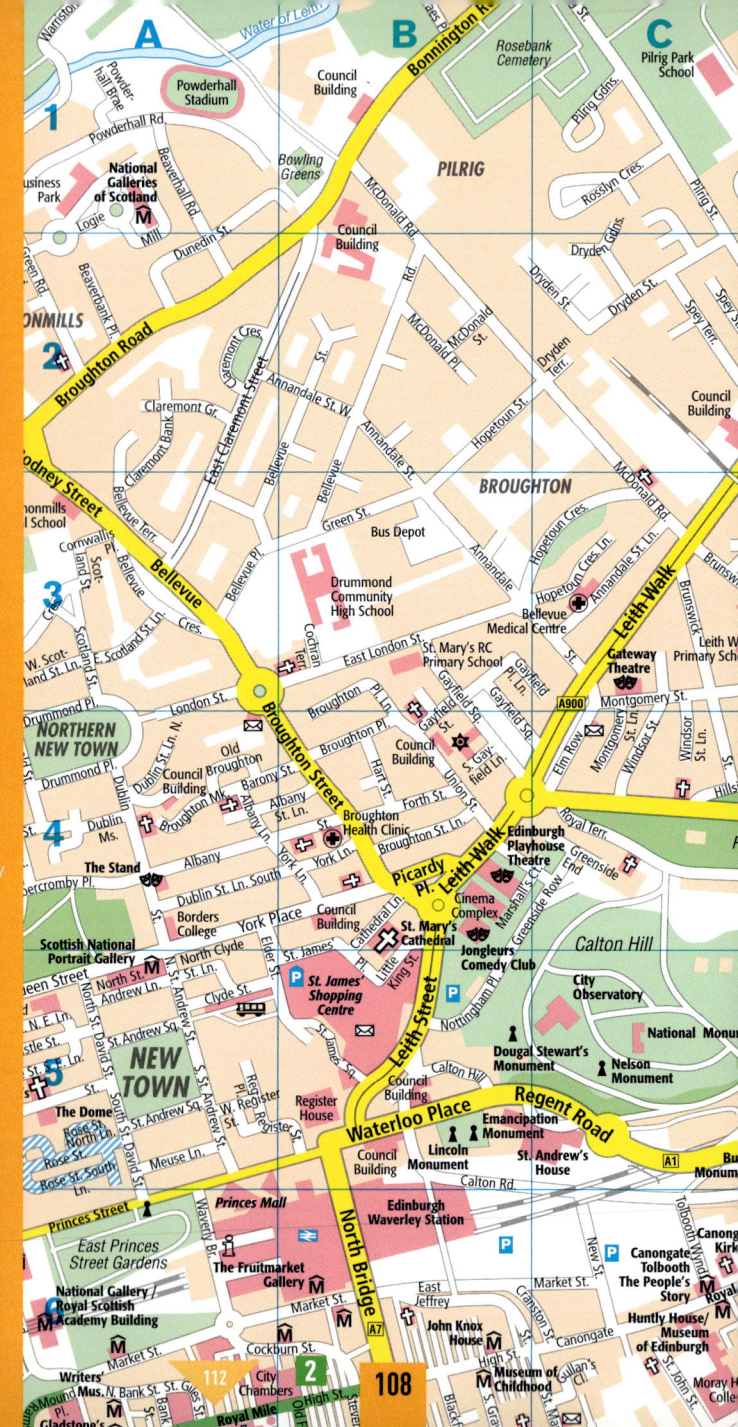

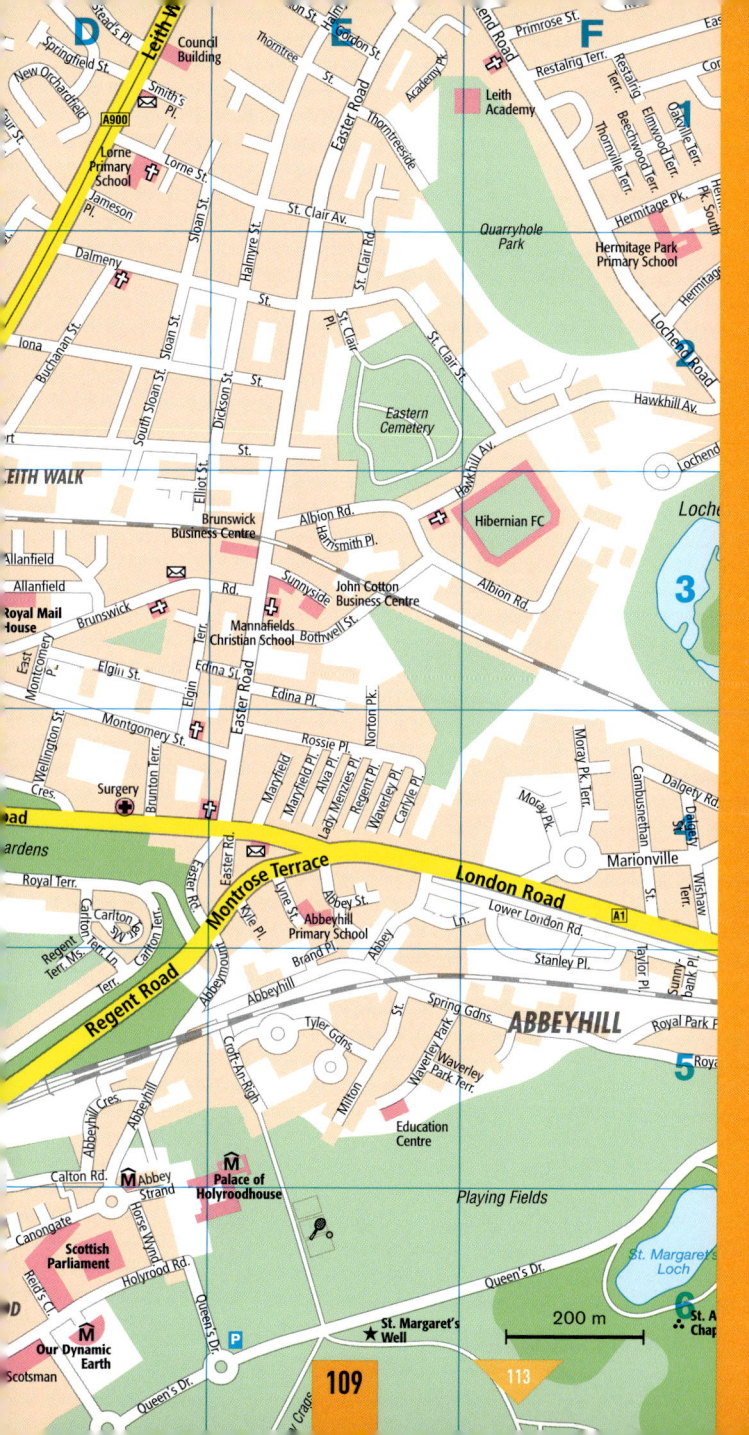

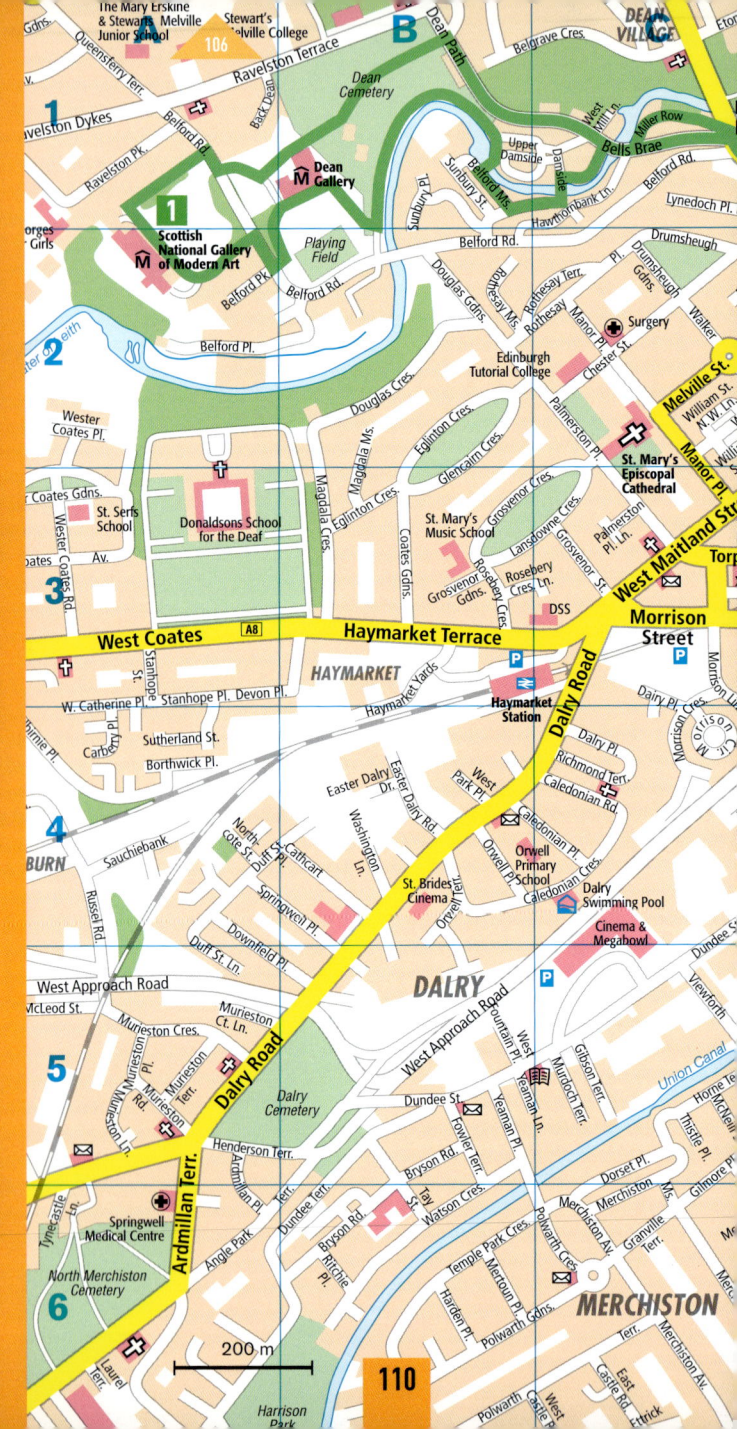

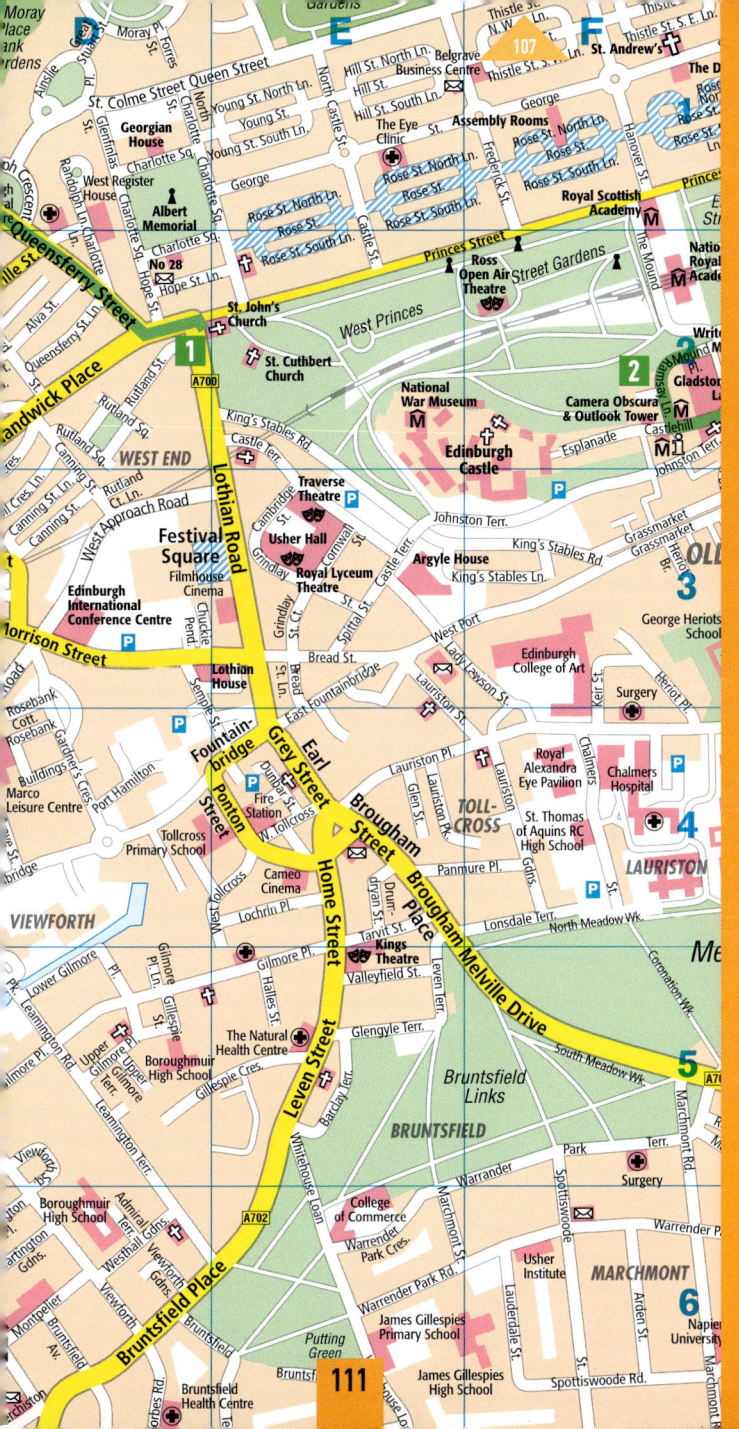

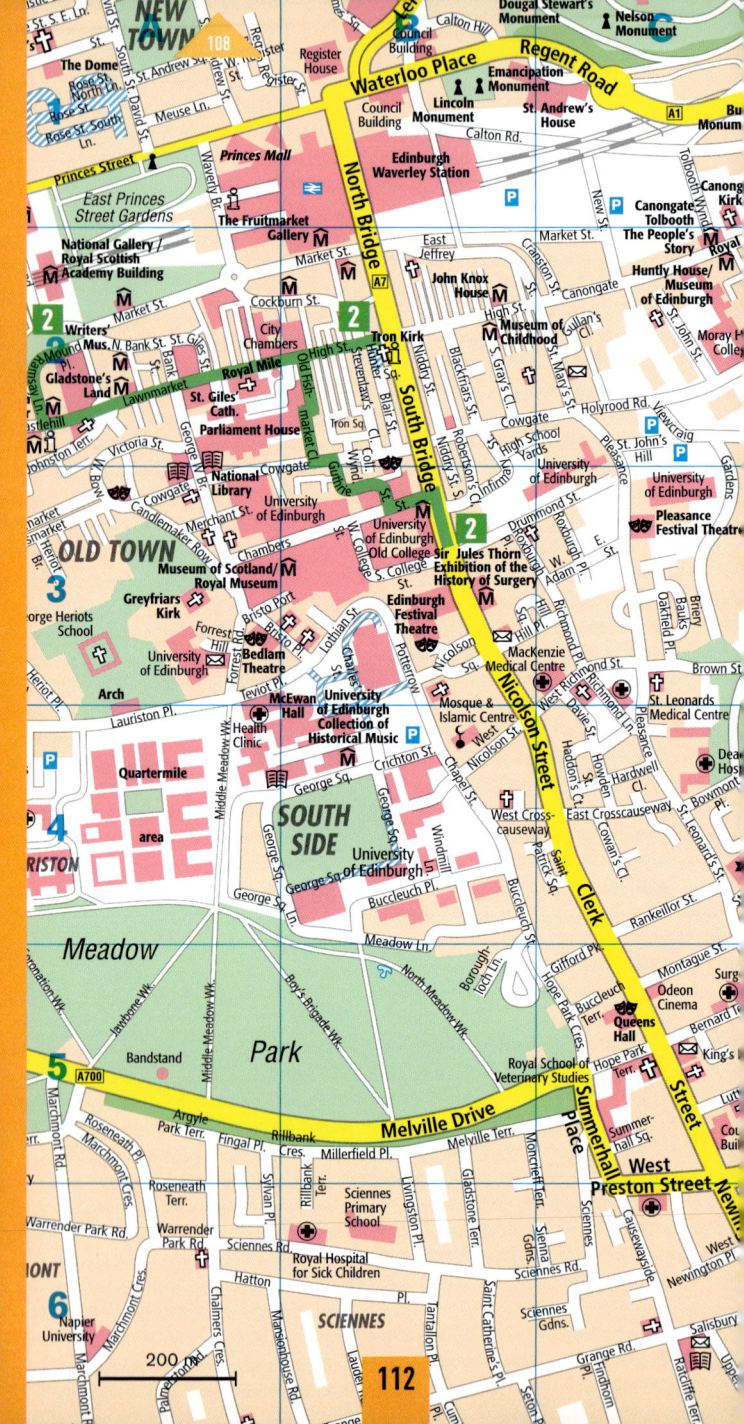

NEW TOWN

108

Dougal Stewart's Monument

Nelson Monument

Council Building

Calton Hill

Regent Road

Waterloo Place

Register House

Emancipation Monument

A1

Bus Monum

Council Building

Lincoln Monument

St. Andrew's House

Princes Street

Princes Mall

Edinburgh Waverley Station

East Princes Street Gardens

The Fruitmarket Gallery

National Gallery / Royal Scottish Academy Building

Market St.

Cockburn St.

City Chambers

East Jeffrey

Market St.

John Knox House

Canongate

Canong Kirk

Canongate Tolbooth The People's Story

Huntly House/ Museum of Edinburgh

Moray P Colle

Royal

2

Writers' Mus.

Gladstone's Land

N. Bank St. St. Giles St.

Royal Mile

Lawnmarket

St. Giles' Cath.

Parliament House

2

Tron Kirk

Museum of Childhood

Cowgate

High School Yards

Holyrood Rd.

St. John's Hill

Vaucraig

Gardens

OLD TOWN

National Library

University of Edinburgh

University of Edinburgh

Old College

Sir Jules Thorn Exhibition of the History of Surgery

University of Edinburgh

Pleasance Festival Theatre

3

Greyfriars Kirk

George Heriots School

Museum of Scotland/ Royal Museum

Bristo Port

Forrest Hill

University of Edinburgh

Bedlam Theatre

Edinburgh Festival Theatre

Nicolson Sq.

MacKenzie Medical Centre

W. Richmond St.

St. Leonards Medical Centre

Brown St.

Briery Bauks Oakfield Pl.

Arch

McEwan Hall

University of Edinburgh Collection of Historical Music

Mosque & Islamic Centre

West Nicolson St.

Hardwell Cl.

East Crosscauseway

St. Leonards St.

Dea Hosp

Bowmont

Quartermile

Health Clinic

George Sq.

Crichton St.

West Cross- causeway

West Cowan St.

SOUTH SIDE

area

George Sq.

George Sq. La.

University of Edinburgh

Buccleuch Pl.

Windmill

Rankeillor St.

4

RISTON

Meadow

North Meadow Wk.

Borough Loch Ln.

Gifford St.

Buccleuch Terr.

Hope Park Terr.

Odeon Cinema

Queens Hall

Surg

Bernard Terr.

King's

5

A700

Bandstand

Park

Argyle Park Terr.

Melville Drive

Royal School of Veterinary Studies

Hope Park Terr.

Summer- hall Sq.

West Preston Street

Newin

Lut

Cou Bui

Marchmont Rd.

Roseneath Pl.

Fingal Pl.

Rillbank Cres.

Millerfield Pl.

Melville Terr.

Montcreiff Terr.

Sciennes

Causewayside

Roseneath Terr.

Warrender Park Rd.

Warrender Park Rd.

Sciennes Rd.

Sciennes Primary School

Royal Hospital for Sick Children

Livingstone Pl.

Gladstone Terr.

Sienna Gdns.

Sciennes Rd.

West Newington

IONT

6

Napier University

SCIENNES

Sciennes Gdns.

Grange Rd.

Salisbury

200 m

112

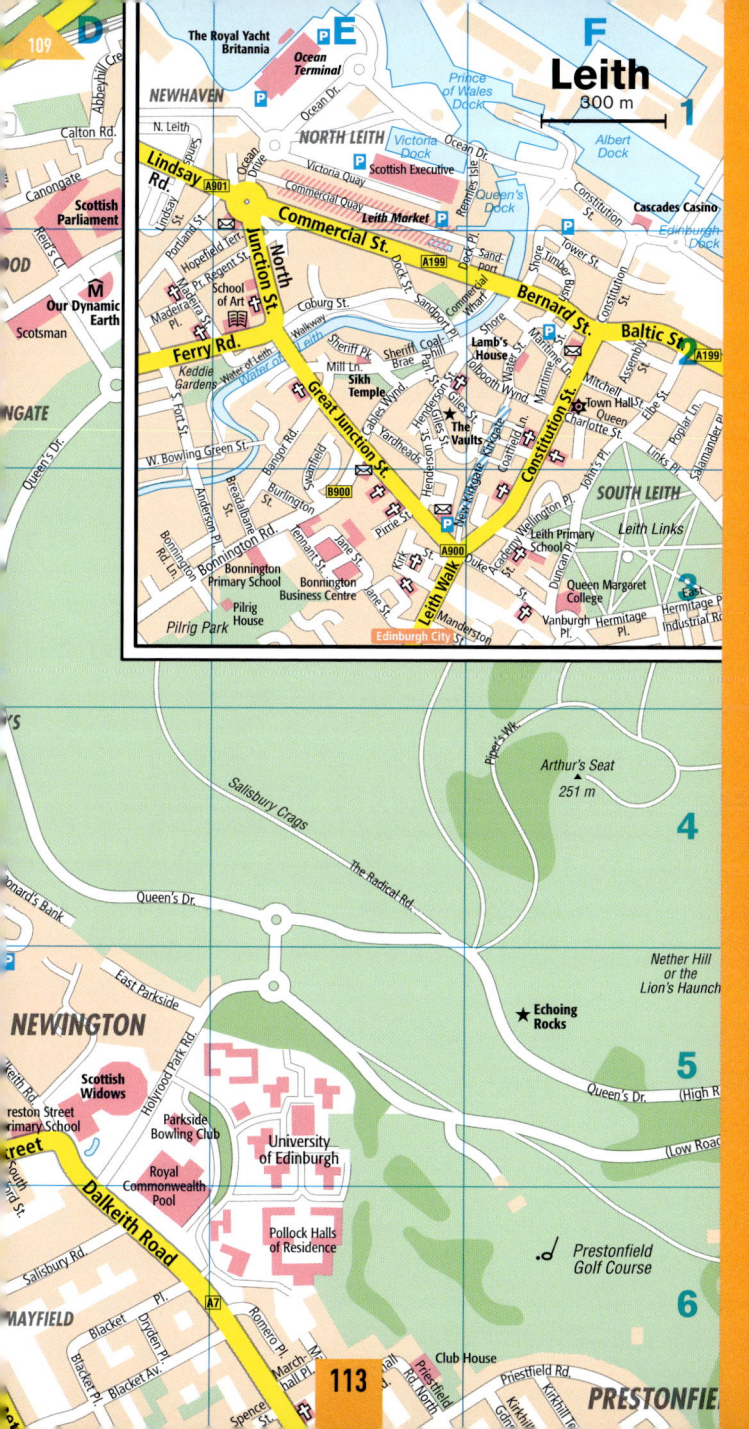

Das Register enthält eine Auswahl der im Cityatlas dargestellten Straßen und Plätze

A

Abbey Ln. 109/E5-F4
Abbeyhill Cres. 109/D5
Abbeyhill 109/D-E5
Abbeymount 109/D5-E4
Abercromby Pl. 107/F4
Ainslie Pl. 107/D5
Albany Ln. 108/A4
Albert St. 108/C2-109/E2
Albion Rd. 109/E-F3
Allanfield 109/D3
Anderson Pl. 113/D-E3
Angle Park Terr. 110/A6-B5
Annandale St. W. 108/A-B2
Annandale St. 108/B2-C3
Arboretum Avenue 106/C1-107/D3
Ardmillan Terr. 110/A5-6
Atholl Cres. 110/C3-111/D2

B

Baltic St. 113/F2
Bank St. 112/A2
Belford Pk. 106/A6
Belford Rd. 106/A-C6
Belgrave Cres. Ln. 106/B-C5
Bellevue Cres. 108/A3
Bellevue Pl. 108/A3
Bellevue Rd. 108/B2-3
Bellevue 108/A3
Bells Brae 106/B-C5
Bernard St. 113/F2
Bernard Terr. 112/C5
Blair St. 112/B2
Bonnington Rd. 113/D3-E2, 108/B1
Boroughloch Ln. 112/B5
Bothwell St. 109/E3
Bowmont Pl. 112/C4
Brandfield St. 111/D4
Brandon Terr. 107/F2
Bread St. Ln. 111/E3
Bread St. 111/E3
Bristo Pl. 112/A-B3
Brougham Place 111/E4
Brougham Street 111/E4
Broughton Road 107/F2
Broughton St. Ln. 108/B4
Broughton Street 108/A3-B4
Brown St. 112/C3
Brunswick Rd. 108/C3-109/E3
Brunswick St. 108/C3-4
Bruntsfield Place 111/D-E6
Buccleuch Pl. 112/B4
Buccleuch St. 112/B4-C5
Buccleuch Terr. 112/C5

C

Calton Hill 108/B5
Calton Rd. 108/B5-109/D5
Cambridge St. 111/E3
Cambusnethan St. 109/F4
Candlemaker Row 112/A3
Canongate 108/C6-109/D6
Canonmills 107/F2
Carlton Terr. Ln. 109/D4-5
Castle Terr. 111/E2-3
Castlehill 111/F2
Cathedral Ln. 108/B4
Catherine Pl. 107/F2
Chalmers St. 111/F4
Chambers St. 112/A-B3
Chapel St. 112/B4
Charles' St. 112/B3
Charlotte Ln. 107/D6
Charlotte Sq. 107/D6
Chester St. 106/C6

Chuckie Pend. 111/D3
Circus Gdns. 107/E4
Circus Ln. 107/E4
Clarence St. 107/E3-4
Clarendon Cres. 106/C5
Clerk Street 112/C4-5
Clyde St. 108/A5
Coates Gdns. 110/B3
Coburg St. 113/E2
Cockburn St. 108/A-B6
Coll. Wynd. 112/B2
Comely Bank Avenue 106/C3-4
Comely Bank 106/A4-B3
Commercial Quay 113/E1-F2
Commercial St. 113/E1-F2
Commercial Wharf 113/F2
Constitution St. 113/F1-3
Cornwall St. 111/E3
Cowgate 112/A3-C2
Craigleith Road 106/A4
Cranston St. 108/B-C6
Crewe Road South 106/A3
Crichton St. 112/B4
Cumberland St. 107/E4-F3

D

Dalkeith Road 113/D5-E6
Dalmeny St. 109/D-E2
Dalry Road 110/A5-C3
Danube St. 107/D4
Dean Bridge 106/C5
Dean Park Crescent 106/C4-5
Dean Park Ms. 106/C3-4
Dean Path 106/B5
Dean Street 106/C4-107/D4
Deanhaugh St. 107/D4
Dewar Pl. Ln. 110/C3-111/D3
Dock St. 113/E2
Douglas Cres. 110/B2
Douglas Gdns. 110/B2
Doune Terr. 107/D4-5
Drummond Pl. 108/A3-4
Drumsheugh Gdns. 106/C6
Dryden St. 108/C2
Dublin St. Ln. South 108/A-B4
Dublin St. 108/A4
Dundas St. 107/E3-F5
Dundee St. 110/B5-C4
Dundee Terr. 110/A6-B5
Dundonald St. 107/F3-4

E

E. Scotland St. Ln. 108/A3
Earl Grey Street 111/E4
East Castle Rd. 110/C6
East Claremont Street 108/A3-B1
East Crosscauseway 112/C4
East Fettes Avenue 106/B1-C3
East Fountainbridge 111/E3-4
East London St. 108/B3
East Market St. 108/B-C6
East Preston Street 112/C-D5
East Silvermills Ln. 107/E3
Easter Rd. 109/D-E4
Easter Road 109/E1-4
Eglinton Cres. 110/B2-3
Esplanade 111/F2
Eyre Place 107/F2-3

F

Ferry Rd. 113/D-E2
Festival Square 111/D-E3
Fettes Row 107/E-F3
Forrest Rd. 112/A3
Fountainbridge 111/D-E4

G

Gardner's Cres. 111/D4
Gayfield Sq. 108/B3-4
George IV Br. 112/A2-3
George Sq. 112/A-B4
George St. 107/E6-F5
Gilmore Pk. 110/C4-111/D5
Gilmore Pl. 110/C6-111/E5
Glencairn Cres. 110/B2-3
Glenfinlas St. 107/D5-6
Glengyle Terr. 111/E5
Glenogle Rd. 107/D3-E2
Grassmarket 111/F3
Great Junction St. 113/E2-3
Great King St. 107/E-F4
Great Stuart St. 107/D5
Green St. 108/B3
Greenside End 108/C4
Greenside Row 108/B5-C4
Grindlay St. Ct. 111/E3
Grindlay St. 111/E3
Grosvenor Cres. 110/B3-C2
Gullan's Cl. 112/C2

H

Hamilton Place 107/D4-E3
Hanover St. 107/F5-6
Hartington Pl. 111/D6
Hawkhill Av. 109/E3-F2
Haymarket Terrace 110/B-C3
Henderson Pl. Ln. 107/E3
Henderson Row 107/E3
Heriot Pl. 111/F3-4
Heriot Row 107/E5-F4
Hermitage Pl. 113/F3
High School Yards 112/B-C2
High St. 112/B2
Hill Pl. 112/B-C3
Hill St. North Ln. 107/E5
Hill St. South Ln. 107/E5
Hill St. 107/E5
Hillside Cres. 108/C4-109/D4
Holyrood Park Rd. (Low Road) 113/D-F5
Holyrood Rd. 108/C6-109/D6
Home Street 111/E4-5
Hope Park Cres. 112/B-C5
Hope Park Terr. 112/C5
Hope St. 107/D6
Hopefield Terr. 113/D-E2
Hopetoun St. 108/B3-C2

I

India Pl. 107/D4
Infirmary St. 112/B2-3
Inverleith Pl. 106/B2-107/D1
Inverleith Row 107/E1-F2
Inverleith Terr. 107/D-E2
Iona St. 109/D-E2

J

Jamaica St. North 107/E4
Jamaica St. South 107/E4-5
Jeffrey St. 108/B6
Johnston Terr. 111/E3-F2

K

Keir St. 111/F3-4
Kerr St. 107/D4
King's Stables Ln. 111/E-F3
King's Stables Rd. 111/E2-F3

L

Lady Lawson St. 111/E3-F4
Lady Menzies Pl. 109/E4

Lansdowne Cres. 110/B-C3
Lauderdale St. 111/F6
Lauriston Gdns. 111/F4
Lauriston Pl. 111/E4-112/A4
Lawnmarket 112/A-B2
Leamington Rd. 111/D5
Leamington Terr. 111/D5-E6
Learmonth Av. 106/B3-4
Learmonth Cres. 106/B4
Learmonth Gdns. Ms. 106/C4
Learmonth Gdns. 106/B-C4
Learmonth Terr. 106/B-C5
Leith Street 108/B5
Leith Walk 108/B4-109/D1,
113/E3
Leven Street 111/E5-6
Lindsay Rd. 113/D1
Lochend Cl. 108/C6
Lochend Road 109/F1-2
London Road 108/B4-109/F4
London St. 108/A3
Lonsdale Terr. 111/E-F4
Lothian Road 111/D2-E4
Lothian St. 112/B3
Lower London Rd. 109/E4-F5

M

Madeira St. 113/D-E2
Magdala Cres. 110/B2-3
Manor Pl. 110/C2-3
Marchmont Rd. 111/F5-6
Market St. 108/A-B6
Maryfield 109/E4
McDonald Rd. 108/B1-C3
McDonald St. 108/B2
Meadow Ln. 112/B4-5
Melville Drive 111/F5-112/C5
Melville St. 110/C2-111/D2
Merchiston Av. 110/C6
Meuse Ln. 108/A5
Mill Ln. 113/E2
Milton St. 109/E5
Minto Street 113/D6
Montague St. 112/C4-5
Montgomery St. Ln. 108/C4
Montgomery St. 108/C3-109/E4
Montpelier Pk. 110/C6-111/D6
Montrose Terrace 109/D-E4
Moray Pl. 107/D5
Morrison Cir. 110/C4
Morrison Cres. 110/C3-4
Morrison Link 110/C3-4
Morrison Street 110/C-E3
Mound Pl. 111/F2

N

N. Bank St. 112/A2
N. St. Andrew St. 108/A5
New St. 108/C6
Newington Road 112/C5-6
Nicolson Sq. 112/B3
Nicolson Street 112/B3-C4
Niddry St. S. 112/B2-3
Niddry St. 112/B2
North Bridge 108/B5-6
North Clyde St. Ln. 108/A5
North East Circus Pl. 107/E4
North Junction St. 113/E1-2
North Meadow Wk. 111/F4
North St. Andrew Ln. 108/A5
North West Circus Pl. 107/D-E4
Northumberland St. North East Ln.
107/F4
Northumberland St. North West Ln.
107/E/F4
Northumberland St. South East Ln.
107/F4

Northumberland St. South West Ln
107/E/F4
Northumberland St. 107/E-F4
Nottingham Pl. 108/B5

O

Oakfield Pl. 112/C3
Ocean Dr. 113/E-F1
Old Fishmarket Cl. 112/B2
Orchard Brae 106/A4-B5

P

Palmerston Pl. 110/C2
Panmure Pl. 111/E-F4
Picardy Pl. 108/B4
Pilrig St. 108/C1-109/D2
Polwarth Cres. 110/C6
Polwarth Gdns. 110/B-C6
Polwarth Terr. 110/B-C6
Ponton Street 111/E4
Portland St. 113/D2-E1
Potterrow 112/B3
Pr. Regent St. 113/D-E2
Princes Street 107/D-F6
Princes Street 108/A6-B5

Q

Queen Street 107/D-F5
Queen's Dr. (High Road) 113/E4-F5
Queen's Dr. 109/D6-F5, 113/D2-3
Queensferry Road 106/A-C5
Queensferry St. Ln. 107/D6
Queensferry Street 106/C6-107/D6

R

Raeburn Place 106/C3-107/D3
Ramsay Ln. 111/F2
Randolph Crescent 107/D6
Randolph Ln. 107/D6
Rankeillor St. 112/C4
Ravelston Dykes 106/A5
Ravelston Terrace 106/A-B5
Reg. Pl. 108/A5
Regent Road 108/B-109/D5
Regent Terr. 108/C5-109/D5
Register St. 108/A-B5
Restalrig Terr. 109/F1
Richmond Ln. 112/C3-4
Richmond Pl. 112/C3
Robertson's Cl. 112/B2-3
Rodney Street 107/F2-3
Rose St. 107/E6-F5
Rosebery Cres. 110/B3
Rossie Pl. 109/E4
Rothesay Pl. 106/B-C6
Roxburgh Pl. 112/B-C3
Royal Circus 107/E4
Royal Cres. 107/F3
Royal Terr. 108/C4-109/D4
Rutland Sq. 111/D2
Rutland St. 111/D2

S

S. College St. 112/B3
S. Fort St. 113/D2
S. Gayfield Ln. 108/B4
S. St. Andrew St. 108/A5
Sandport Pl. 113/E2
Sandport 113/F2
Saunders St. 107/D4
Scotland St. 108/A3
Shandwick Place 111/D2
Shore Tower St. 113/F2
South Bridge 112/B2-3
South East Circus Pl. 107/E4
South Learmonth Gdns. 106/B-C4
South Sloan St. 109/D2

South St. David St. 108/A5
Spey Terr. 108/C2
Spittal St. 111/E3
Spottiswoode St. 111/F5-6
Spring Gdns. 109/E-F5
St. Andrew Sq. 108/A5
St. Bernard's Row 107/D3
St. Clair Av. 109/E1
St. Clair St. 109/E-F2
St. Colme Street 107/D5
St. Giles St. 112/A2
St. John St. 108/C6
St. Leonard's Bank 113/D4
St. Leonard's Hill 112/C4
St. Leonard's Ln.
112/C4-113/D4
St. Leonard's St.
112/C4-113/D5
St. Mary's St. 112/C2
St. Stephen St. 107/D-E4
Summerhall Place 112/C5

T

Temple Park Cres. 110/B-C6
Teviot Pl. 112/A-B3
The Mound 107/F6
Thistle St. N. W. Ln. 107/F5
Thistle St. S. W. Ln. 107/F5
Thistle St. 107/F5
Tolbooth Wynd. 108/C6
Torphichen Street
110/C3-111/D3

U

Upper Dean Terr. 106/C4 107/D4

V

Valleyfield St. 111/E5
Vanburgh Pl. 113/F3
Victoria Quay 113/E1
Victoria St. 112/A2
Viewcraig Gardens 112/C2-3
Viewforth Gdns. 111/D6
Viewforth 110/C5-111/D6

W

W. Adam St. 112/C3
W. College St. 112/B3
W. Register St. 108/A5
W. Scotland St. Ln. 108/A3
Warrander Park Terr. 111/E6-F5
Warrender Park Cres. 111/E6
Warrender Park Rd. 111/E-F6
Warriston Cres. 107/F2
Warriston Dr. 107/E1
Warriston Rd. 107/F2
Water of Leith Walkway 113/E2
Waterloo Place 108/B5
Waverly Br. 108/A6
West Approach Road
110/A5-111/D3
West Coates 110/A-B3
West Crosscauseway 112/B-C4
West Maitland Street 110/C3
West Nicolson St. 112/B4
West Port 111/E-F3
West Preston Street 112/C5-6
West Richmond St. 112/C3-4
West Silvermills Ln. 107/E3/4
Whitehouse Loan 111/E5-6

Y

Yeaman Pl. 110/B5-C6
York Ln. 108/A-B4
York Place 108/A5-B4
Young St. South Ln. 107/E5/6
Young St. 107/E5

KARTENLEGENDE

Museum

Bühne

Information

Kirche

Synagoge

Moschee

Krankenhaus

Polizei

Post

Bibliothek

Denkmal

Busbahnhof

Ruine

Tennisplatz

Golfplatz

Hallenbad

Parkplatz

Jugendherberge

Eisenbahn mit Bahnhof

Bemerkenswertes Gebäude

Öffentliches Gebäude

Grünfläche

Unbebaute Fläche

Fußgängerzone

Stadtspaziergänge

FÜR IHRE NÄCHSTE REISE
gibt es folgende MARCO POLO Titel:

DEUTSCHLAND
Allgäu
Amrum/Föhr
Bayerischer Wald
Berlin
Bodensee
Chiemgau/Berchtes-
    gadener Land
Dresden/Sächsische
    Schweiz
Düsseldorf
Eifel
Erzgebirge/Vogtland
Franken
Frankfurt
Hamburg
Harz
Heidelberg
Köln
Lausitz/Spreewald/
    Zittauer Gebirge
Leipzig
Lüneburger Heide/
    Wendland
Mark Brandenburg
Mecklenburgische
    Seenplatte
Mosel
München
Nordseeküste
    Schleswig-
    Holstein
Oberbayern
Ostfriesische Inseln
Ostfriesland/
    Nordseeküste
    Niedersachsen/
    Helgoland
Ostseeküste
    Mecklenburg-
    Vorpommern
Ostseeküste
    Schleswig-Holstein
Pfalz
Potsdam
Rheingau/
    Wiesbaden
Rügen/Hiddensee/
    Stralsund
Ruhrgebiet
Sauerland
Schwäbische Alb
Schwarzwald
Stuttgart
Sylt
Thüringen
Usedom
Weimar

ÖSTERREICH |
SCHWEIZ
Berner Oberland/
    Bern
Kärnten
Österreich
Salzburger Land

Schweiz
Tessin
Tirol
Wien
Zürich

FRANKREICH
Bretagne
Burgund
Côte d'Azur/Monaco
Elsass
Frankreich
Französische
    Atlantikküste
Korsika
Languedoc-Roussillon
Loire-Tal
Nizza/Antibes/Cannes/
    Monaco
Normandie
Paris
Provence

ITALIEN | MALTA
Apulien
Capri
Dolomiten
Elba/Ioskanischer
    Archipel
Emilia-Romagna
Florenz
Gardasee
Golf von Neapel
Ischia
Italien
Italienische Adria
Italien Nord
Italien Süd
Kalabrien
Ligurien/
    Cinque Terre
Mailand/Lombardei
Malta/Gozo
Oberital. Seen
Piemont/Turin
Rom
Sardinien
Sizilien/
    Liparische Inseln
Südtirol
Toskana
Umbrien
Venedig
Venetien/Friaul

SPANIEN |
PORTUGAL
Algarve
Andalusien
Barcelona
Baskenland/Bilbao
Costa Blanca
Costa Brava
Costa del Sol/Granada
Fuerteventura
Gran Canaria

Ibiza/Formentera
Jakobsweg/Spanien
La Gomera/El Hierro
Lanzarote
La Palma
Lissabon
Madeira
Madrid
Mallorca
Menorca
Portugal
Sevilla
Spanien
Teneriffa

NORDEUROPA
Bornholm
Dänemark
Finnland
Island
Kopenhagen
Norwegen
Schweden
Stockholm
Südschweden

WESTEUROPA |
BENELUX
Amsterdam
Brüssel
Dublin
Edinburgh
England
Flandern
Irland
Kanalinseln
London
Luxemburg
Niederlande
Niederländische Küste
Schottland
Südengland

OSTEUROPA
Baltikum
Budapest
Estland
Kaliningrader Gebiet
Lettland
Litauen/Kurische
    Nehrung
Masurische Seen
Moskau
Plattensee
Polen
Polnische Ostsee-
    küste/Danzig
Prag
Riesengebirge
Russland
Slowakei
St. Petersburg
Tallinn
Tschechien
Ungarn
Warschau

SÜDOSTEUROPA
Bulgarien
Bulgarische
    Schwarzmeerküste
Kroatische Küste/
    Dalmatien
Kroatische Küste/
    Istrien/Kvarner
Montenegro
Rumänien
Slowenien

GRIECHENLAND |
TÜRKEI | ZYPERN
Athen
Chalkidiki
Griechenland
    Festland
Griechische
    Inseln/Ägäis
Istanbul
Korfu
Kos
Kreta
Peloponnes
Rhodos
Samos
Santorin
Türkei
Türkische Südküste
Türkische Westküste
Zakinthos
Zypern

NORDAMERIKA
Alaska
Chicago und
    die Großen Seen
Florida
Hawaii
Kalifornien
Kanada
Kanada Ost
Kanada West
Las Vegas
Los Angeles
New York
San Francisco
USA
USA Neuengland/
    Long Island
USA Ost
USA Südstaaten/
    New Orleans
USA Südwest
USA West
Washington D.C.

MITTEL- UND
SÜDAMERIKA
Argentinien
Brasilien
Chile
Costa Rica
Dominikanische
    Republik

Jamaika
Karibik/Große Antillen
Karibik/Kleine Antillen
Kuba
Mexiko
Peru/Bolivien
Venezuela
Yucatán

AFRIKA |
VORDERER
ORIENT
Ägypten
Djerba/Südtunesien
Dubai
Israel
Jerusalem
Jordanien
Kapstadt/
    Wine Lands/
    Garden Route
Kapverdische Inseln
Kenia
Marokko
Namibia
Qatar/Bahrain/Kuwait
Rotes Meer/Sinai
Südafrika
Tansania, Sansibar
Tunesien
Vereinigte
    Arabische Emirate

ASIEN
Bali/Lombok
Bangkok
China
Hongkong/Macau
Indien
Indien/Der Süden
Japan
Ko Samui/Ku Phangan
Krabi/Ko Phi Phi/
    Ko Lanta
Malaysia
Nepal
Peking
Philippinen
Phuket
Rajasthan
Shanghai
Singapur
Sri Lanka
Thailand
Tokio
Vietnam

INDISCHER
OZEAN |
PAZIFIK
Australien
Malediven
Mauritius
Neuseeland
Seychellen
Südsee

REGISTER

In diesem Register sind alle im Reiseführer erwähnten Sehenswürdigkeiten und Ausflugsziele sowie einige wichtige Straßen und Plätze aufgeführt. Halbfette Seitenzahlen verweisen auf den Haupteintrag.

Abbotsford House 93
Advocate's Close 86
Arthur's Seat **25**, 38, 88
Balmoral Hotel 38, 76
Borders 92
Braidburn Valley Park 13
Brodie's Close 86
Broughton Street 57
Bruntsfield 57
Calton Hill **37**, 10, 20
Calton-Friedhof 39
Cameo Cinema 14
Camera Obscura **26**
Canongate Kirk 33
Canongate-Friedhof 34
Castle Hill 26
Charlotte Square **39**
Cockburn Street 57
Connery, Sean 16, 21, 45
Cowgate 87
Dean Bridge 84
Dean Gallery **45**, 47, 84
Dean Terrace 83
Dean Village 45, 82, 84
Dean-Friedhof 45, 84
Deep Fried Film Festival 14
Deep Sea World 80, 89
Edinburgh Castle **26**, 8, 22, 38, 43, 84, 88
Edinburgh College of Art 12, 15
Edinburgh Festival Fringe 21, 11
Edinburgh International Festival 21, 11
Edinburgh Military Tattoo 21, 11
Edinburgh Zoo 80
Festival Theatre 70
Fettes College 16, 37

Firth of Forth 8, 37, 38, 80, 85
Fruitmarket-Hallen 42
George Street **61**, 37, 64
Georgian House **40**
Ghost Tours 80
Gladstone's Land 85, 87
Glasgow 10, 90
Grassmarket 56
Greyfriars Kirk 28
Greyfriars **28**, 31, 33
Harvey Nichols **59**
Heart of Midlothian 31, 86
Hogmanay 21
Honours of Scotland 27
James Court 85
Jenners **59**
John Knox House 29
King's Theatre 70
Knox, John 9, 29, 30, 35
Lady Stair's Close 86
Leith 19, 24, 38, 45, 46, 48, 64, 75
Leith Short Film Festival 14
Mary King's Close 86
Mary Queen of Scots 17, 30, 32, 45
Melrose Abbey 93
Millers Row 84
Museum of Child-hood 81
National Gallery of Scotland **40**, 42
National Monument 38
National Museum of Scotland **30**, 33
National Trust 85
National Trust for Scot-land **40**
Nelson Monument 38
New Town **36**, 10, 19, 23, 39, 42, 45, 48

Ocean Terminal 47, 65
Old Town **24**, 19, 23, 48, 89
Our Dynamic Earth 81
Palace of Holyrood-house **31**, 10, 24, 25
Parlamentsgebäude 10
Playhouse 70
Portobello **45**, 45
Princes Street 19
Princes Street Gardens **42**, 10, 21, 24, 85
Queen's Gallery **32**
Queensberry House 34
Raeburn Place **60**, 64, 83
Ramsay Garden 84
Riddle's Court 85
Rosslyn Chapel 93
Royal Botanic Garden **46**, 33
Royal Lyceum Theatre Company 71
Royal Mile **24**, **33**, 10, 19, 29, 31, 34, 36, 37, 84
Royal Scottish Academy **40**, 42
Royal Yacht Britannia **47**
Scott Monument **43**, 42
Scott, Walter 8, 10, 23, 36, 42, 44, 86, 87, 92, 93
Scottish National Gallery of Modern Art **47**, 45, 84
Scottish National Port-rait Gallery **44**
Scottish Parliament **34**, 23, 25
Scottish Storytelling Centre **30**
St Andrew Square 37, 56

IMPRESSUM

St Bernhard's Well 83
St Cuthbert's Kirk 43
St Giles
Cathedral **34**, 86
St John's 43
St Margaret's 27
St-James-Center 37

Stevenson, Robert
Louis 24, 36, 86
Stockbridge 45, 60, 64,
83
Stone of Scone 27
Tartan Weaving Mill &
Exhibition 33

The Scotsman 76
Traverse Theatre 71
Usher Hall 71
Water of Leith 24, 45,
47, 82
Waverley Station 42, 80
Writers' Museum **36**, 86

SCHREIBEN SIE UNS

Liebe Leserin, lieber Leser,

wir setzen alles daran, Ihnen möglichst aktuelle Informationen mit auf die Reise zu geben. Dennoch schleichen sich manchmal Fehler ein – trotz gründlicher Recherche unserer Autoren/innen. Sie haben sicherlich Verständnis, dass der Verlag dafür keine Haftung übernehmen kann.

Wir freuen uns aber, wenn Sie uns schreiben.

Senden Sie Ihre Post an die MARCO POLO Redaktion, MAIRDUMONT, Postfach 3151, 73751 Ostfildern, info@marcopolo.de

IMPRESSUM

Titelbild: Calton Hill, Dugald Stewart Monument (Laif: Amme)
Fotos: Black Hart Entertainment (89 M. r.); City Screen Ltd. (14 u.); Elvis and Shakespeare (14 M.); © fotolia.com: Bernard BAILLY (88 M. r.), Denis Topal (14 o.); Godiva (15 u.); HB Verlag: Mosler (3 r., 90/91); Rob Hoon (15 o.) © iStockphoto.com: Alysta (88 M. l.), doga yusuf dokdok (89 u. r.), Enrico Fianchini (88 u. r.), Floortje (88 o. l.), gbrundin (13 o.), Ian Scott (89 o. l.), Geralda van der Es (89 M. l.); M. Kirchgessner (2 l., 20, 20/21, 58, 63, 72/73, 80/81); H. Krinitz (Klappe l., Klappe r., 3 M., 8/9, 11, 21, 26, 27, 30, 35, 40/41, 85, 93, 98); Laif: Amme (1), Artz (18), Kirchgessner (Klappe M), Kreuels (6/7), Krinitz (37), Modrow (4 l.); Ryan McGoverne (12 u.); David McIntyre (12 o.); M. Müller (122); T. Stankiewicz (2 r., 3 l., 4 r., 5, 16/17, 22/23, 32, 42/43, 44, 47, 48/49, 50, 53, 54, 55, 56/57, 61, 64/65, 66, 68/69, 71, 74, 77, 79, 80, 81, 82/83, 87, 104/105); Ian J. Watson (13 u.)

1. Auflage 2010
© MAIRDUMONT GmbH & Co. KG, Ostfildern
Chefredaktion: Michaela Lienemann, Marion Zorn
Autor: Martin Müller; Redaktion: Jens Bey
Programmbetreuung: Silwen Randebrock; Bildredaktion: Gabriele Forst
Szene/24h: wunder media, München
Kartografie Reiseatlas: DuMont Reisekartografie, D-82256 Fürstenfeldbruck; © MAIRDUMONT, D-73751 Ostfildern
Innengestaltung: Zum goldenen Hirschen, Hamburg; Titel/S. 1–3: Factor Product, München
Sprachführer: in Zusammenarbeit mit Ernst Klett Sprachen GmbH, Stuttgart, Redaktion PONS Wörterbücher

> UNSER AUTOR
MARCO POLO Insider Martin Müller im Interview

Martin Müller, Autor und Fotograf, reiste vor 30 Jahren zum ersten Mal nach Edinburgh – auch mal nur so zum Wochenende.

Was zieht Sie nach Edinburgh?

Seit ich mal im Norden Schottlands gewohnt habe, muss ich immer wieder hin. Dann entdeckte ich, dass schon ein Kurzbesuch in Edinburgh die Schottland-Sehnsucht befriedigen hilft. Old Town ist wunderbar melancholisch und gruselig: das Mister-Hyde-Gefühl. Zum Chillout spaziere ich dann in gehobener Stimmung durch die ebenmäßig proportionierte New Town, quasi wie der brave Bürger Dr Jekyll. Für Edinburghs bessere Hälfte ziehe ich mich sogar schicker an.

Ihr schönstes Edinburgh-Erlebnis?

Die Queen und Sean Connery am gleichen Wochenende zu sehen. Ich habe Mister Bond sogar nach dem Weg gefragt, um mal seine Originalstimme zu hören. Er kannte sich übrigens gut aus in seiner Geburtsstadt.

Was gefällt Ihnen nicht so?

Da die Stadt wenig von Kaufleuten und Lohnarbeitern geprägt wurde, fehlen ihr Entrepreneur-Flair und eine spannende soziale Vielschichtigkeit. Banking und öffentlicher Dienst lassen die Stadt der Anzüge im wahren Wortsinn etwas uniform wirken. Doch die Magie als Highland-Kapitale ist ungeheuerlich. In den Sommermonaten platzt die Stadt vor Besuchern schier aus den Nähten, da wird Edinburgh Opfer seiner eigenen Anziehungskraft. Weshalb ich gern im Winter und Frühjahr dort bin? Weil es genial zur leicht kühlen baulichen Ausstrahlung der Stadt passt.

Wohin reisen Sie noch?

Als Reiseautor bin ich oft, gerne und überall unterwegs. Mich interessiert, wie große Städte zwischen Stockholm und Sydney ticken. Städte am Meer finde ich reizvoll. Andererseits bin ich gern wandernd oder mit dem Seekajak unterwegs.

Wo leben Sie, wenn Sie nicht reisen?

Ich wohne im Ruhrgebiet, vor allem wegen der Kulturdichte und der Mentalität der Menschen. Ein zweites Standbein habe ich in Kopenhagen, weil es sich wie eine Inselhauptstadt anfühlt.

Ihr Tipp für einen Regentag in Edinburgh?

Einen Inspektor-Rebus-Roman von Ian Rankin lesen, am besten in einem Altstadtpub oder einem Café.

Ihr liebstes Edinburghsouvenir?

Ein Secondhand-Tweedsakko, gekauft bei Armstrong's am Grassmarket. So kann ich mich in Schottland immer einwickeln.